W9-BKK-695

FROM ROOM
TO ROOM

---

poems by
Jane Kenyon

alice james books

Gardner Webb College Library

Copyright © 1978 by Jane Kenyon
All rights reserved

Library of Congress Catalog Card Number 78-60469
ISBN 0-914086-24-3

Printed in The United States of America

ALICE JAMES BOOKS
138 Mount Auburn Street
Cambridge, Massachusetts   02138

PS
3561
E554
F7

Some of these poems first appeared in magazines and anthologies. I would like to thank their editors for permission to reprint: *The American Poetry Reveiw, Anaesthesia Review, Blair & Ketchum's Country Journal, Good Company: Poets at Michigan, Green House, Harvard Magazine, The Michigan Quarterly Review, The Nation, The Paris Review, Stone Drum, The Third Coast: Contemporary Michigan Poetry, and The Virginia Quarterly Review.*

The cover drawing is by George Schneeman.

Special thanks to Nannette Woodcock at New Hampshire Composition, where the book was typeset, and to Doug Munson, who designed the cover.

I want to thank Lou Teel for helping me with Anna Akhmatova's poems.

The publication of this book was supported by a grant from the Massachusetts Council for the Arts and Humanities.

Alice James books are published by Alice James Poetry Cooperative, Inc.

for my family

Contents

4 Afternoon in the House

5 Six Poems from Anna Akhmatova

1

Under a Blue Mountain

For the Night

The mare kicks
in her darkening stall, knocks
over a bucket.

The goose . . .

The cow keeps a peaceful brain
behind her broad face.

Last light moves
through cracks in the wall,
over bales of hay.

And the bat lets
go of the rafter, falls
into black air.

Leaving Town

It was late August when we left. I gave away my plants, all but a few. The huge van, idling at the curb all morning, was suddenly gone.

We got into the car. Friends handed us the cats through half-closed windows. We backed out to the street, the trailer behind, dumb and stubborn.

We talked little, listening to a Tiger double-header on the car radio. Dust and cat hair floated in the light. I ate a cheese sandwich I didn't want.

During the second game, the signal faded until it was too faint to hear. I felt like a hand without an arm. We drove all night and part of the next morning.

From Room to Room

Here in this house, among photographs
of your ancestors, their hymnbooks and old
shoes . . .

        I move from room to room,
a little dazed, like the fly. I watch it
bump against each window.

I am clumsy here, thrusting
slabs of maple into the stove.
Out of my body for a while,
weightless in space . . .

              Sometimes
the wind against the clapboard
sounds like a car driving up to the house.

My people are not here, my mother
and father, my brother. I talk
to the cats about weather.

"Blessed be the tie that binds . . ."
we sing in the church down the road.
And how does it go from there? The tie . . .

the tether, the hose carrying
oxygen to the astronaut,
turning, turning outside the hatch,
taking a look around.

Here

You always belonged here.
You were theirs, certain as a rock.
I'm the one who worries
if I fit in with the furniture
and the landscape.

But I "follow too much
the devices and desires of my own heart."

Already the curves in the road
are familiar to me, and the mountain
in all kinds of light,
treating all people the same.
And when I come over the hill,
I see the house, with its generous
and firm proportions, smoke
rising gaily from the chimney.

I feel my life start up again,
like a cutting when it grows
the first pale and tentative
root hair in a glass of water.

Two Days Alone

You are not here. I keep
the fire going, though it isn't cold,
feeding the stove-animal.
I read the evening paper
with five generations
looking over my shoulder.

In the woodshed
darkness is all around and inside me.
The only sound I hear
is my own breathing. Maybe
I don't belong here.
Nothing tells me that I don't.

The Cold

I don't know why it made me happy to see the pond ice over in a day, turning first hazy, then white. Or why I was glad when the thermometer read twenty-four below, and I came back to bed—the pillows cold, as if I had not been there two minutes before.

This Morning

The barn bears the weight
of the first heavy snow
without complaint.

White breath of cows
rises in the tie-up, a man
wearing a frayed winter jacket
reaches for his milking stool
in the dark.

The cows have gone into the ground,
and the man,
his wife beside him now.

A nuthatch drops
to the ground, feeding
on sunflower seed and bits of bread
I scattered on the snow.

The cats doze near the stove.
They lift their heads
as the plow goes down the road,
making the house
tremble as it passes.

The Thimble

I found a silver thimble
on the humusy floor of the woodshed,
neither large nor small, the open end
bent oval by the wood's weight,
or because the woman who wore it
shaped it to fit her finger.

Its decorative border of leaves, graceful
and regular, like the edge of acanthus
on the tin ceiling at church . . .
repeating itself over our heads
while we speak in unison
words the wearer must have spoken.

Changes

The cast-iron kitchen range
grows rust like fur
in the cold barn. Oh,
we still keep animals—cats—
inside the house, while
the last load of hay
turns dusty on the barn floor.

Gazing at us from parlor walls,
the gallery of ancestors
must think we're *foolish*,
like Charlie Dolbey,
who used to chase cars
and bicycles, howling,
waving his arms in the air.

Finding a Long Gray Hair

I scrub the long floorboards
in the kitchen, repeating
the motions of other women
who have lived in this house.
And when I find a long gray hair
floating in the pail,
I feel my life added to theirs.

Hanging Pictures in Nanny's Room

When people reminisce about her they say how cross she was. I saw a photograph of her down in the parlor, her jaw like a piece of granite. You'd have to plow around it.

But look at this: huge garlands of pink roses on the sunny walls. A border near the ceiling undulates like the dancers' arms in Matisse's painting.

I put up a poster of Mary Cassatt's "Woman Bathing." No doubt Nanny bent here summer mornings, her dress down about her waist, water dripping through her fingers into the china bowl.

In the drawer of the dresser I found a mouse nest, with its small hoard of seeds. But also I found a pincushion, many-colored squares of silk sewn together and then embroidered. Nanny taught the girls in the family how to do fancy work. And if the stitches weren't good enough, you had to take them out and start over.

And if people weren't good enough, if your husband who worked on the railroad was a philanderer, well, you could move back to the house where you were born. You could go up to your room and rock a while, or read from the Scriptures, or snip from the newspaper the latest episode of *Pollyana: Or, The Glad Book*.

You pasted the clippings into an outdated Report on Agriculture, a big book, well bound. The story could go on for a long time . . .

And when your sister's girls came upstairs to visit their fierce aunt, you would read aloud: "Miss Polly Harrington entered her kitchen hurriedly this June morning. Miss Polly did not usually make hurried movements; she specially prided herself on her repose of manner . . ."

In Several Colors

Every morning, cup of coffee
in hand, I look out at the mountain.
Ordinarily, it's blue, but today
it's the color of an eggplant.

And the sky turns
from gray to pale apricot
as the sun rolls up
Main Street in Andover.

I study the cat's face
and find a trace of white
around each eye, as if
he made himself up today
for a part in the opera.

The Clothes Pin

How much better it is
to carry wood to the fire
than to moan about your life.
How much better
to throw the garbage
onto the compost, or to pin the clean
sheet on the line
with a gray-brown wooden clothes pin!

2

Edges of the Map

The Needle

Grandmother, you are as pale
as Christ's hands on the wall above you.
When you close your eyes you are all
white—hair, skin, gown. I blink
to find you again in the bed.

I remember once you told me
you weighed a hundred and twenty-three,
the day you married grandfather.
You had handsome legs. He watched you
working at the sink.

The soft ring is loose on your hand.
I hated coming here.
I know you can't understand me.
I'll try again,
like the young nurse with the needle.

My Mother

My mother comes back from a trip downtown to the dime-store. She has brought me a surprise. It is still in her purse.

She is wearing her red shoes with straps across the instep. They fasten with small white buttons, like the eyes of fish.

She brings back zippers and spools of thread, yellow and green, for her work, which always takes her far away, even though she works upstairs, in the room next to mine.

She is wearing her blue plaid full-skirted dress with the large collar, her hair fastened up off her neck. She looks pretty. She always dresses up when she goes downtown.

Now she opens her straw purse, which looks like a small suitcase. She hands me the new toy: a wooden paddle with a red rubber ball attached to it by an elastic string. Sometimes when she goes downtown, I think she will not come back.

Cleaning the Closet

This must be the suit you wore
to your father's funeral:
the jacket
dusty, after nine years,
and hanger marks on the shoulders,
sloping like the lines
on a woman's stomach, after
having a baby, or like the down-
turned corners
of your mouth, as you watch me
fumble to put the suit
back where it was.

Ironing Grandmother's Tablecloth

As a bride, you made it smooth,
pulling the edges straight, the corners square.
For years you went over the same piece
of cloth, the way grandfather walked to work.

This morning I move the iron across the damask,
back and forth, up and down. You are ninety-four.
Each day you dress yourself, then go back to bed
and listen to radio sermons, staring at the ceiling.

When I visit, you tell me your troubles:
how my father left poisoned grapefruit on the back
porch at Christmas, how somebody comes at night
to throw stones at the house.

The streets of your brain become smaller,
old houses torn down. Talking to me
is hard work, keeping things straight,
whose child I am, whether I have children.

The Box of Beads

This morning I came across
a box of my grandmother's beads,
all tangled, and coming unstrung.

I hardly knew my mother's parents.
They lived in California—the edge of the map—
when I was growing up.

Grandfather fastened this necklace
while she held her hair.
Looking at him in the dressing table mirror,
she let her hair
fall on the backs of his hands.

What do I know about her?
She loved to have company for dinner.
She sang contralto in the choir.
When they lived in Winnetka,
before my mother was born,
she used to put on a hat, take the train
into Chicago, and have cocoanut pie
at Marshall Fields'.

I went to visit when I was seven,
a long train ride across the country.
One day she took me to the Farmer's Market
in Los Angeles. She bought me
a beaded belt that said "California,"
and a Mexican jumping bean in a plastic box.
She wore perfume.
She had a kumquat tree in her garden.

When she died, cousins sent me
her Turkish coffee pot, and my mother
gave me this box of beads.
Here is an apricot-colored glass
pendant. Some long, opaque
black beads . . . some green ones, small and bright
as fresh peas. Here is the clasp
that held them around her neck.

3

Colors

At a Motel Near O'Hare Airport

I sit by the window all morning
watching the planes make final approaches.
Each of them gathers and steadies itself
like a horse clearing a jump.

I look up to see them pass,
so close I can see the rivets
on their bellies, and under their wings,
and at first I feel ashamed,
as if I had looked up a woman's skirt.

How beautiful that one is,
slim-bodied and delicate
as a fox, poised and intent
on stealing a chicken
from a farmyard.

And now a larger one, its
tail shaped like a whale's.
They call it sounding
when a whale dives,
and the tail comes out of the water
and flashes in the light
before going under.

Here comes a 747,
slower than the rest,
phenomenal, like some huge
basketball player
clearing space for himself
under the basket.

How wonderful to be that big
and to fly through the air,
and to make such a big shadow
in the parking lot of a motel.

The First Eight Days of the Beard

1. A page of exclamation points.
2. A class of cadets at attention.
3. A school of eels.
4. Standing commuters.
5. A bed of nails for the swami.
6. Flagpoles of unknown countries.
7. Centipedes resting on their laurels.
8. The toenails of the face.

Changing Light

Clouds move over the mountain,
methodical as ancient
scholars.
            Sun comes out
in the high pasture where
cows feel heat
between their shoulder blades.

The Socks

While you were away
I matched your socks
and rolled them into balls.
Then I filled your drawer with
tight dark fists.

The Shirt

The shirt touches his neck
and smoothes over his back.
It slides down his sides.
It even goes down below his belt—
down into his pants.
Lucky shirt.

Starting Therapy

1

The psychiatrist moves toward me,
a child's sweater in his hands.
It's my old white cardigan.
He's going to make me wear it.
He puts my arm into one of the sleeves.
He puts it on me backwards.
This thing is a straightjacket!
Anybody in his right mind can see
this sweater doesn't fit.

2

Thinking someone is at the door
I open it to find a small brain
hovering over the porch.
It won't come in and it won't go away.
I let the screen door slam.
It sounds like the door to the apartment
where I used to live.
No, it's the door to my parents' house
where we lived when I was four.

Colors

(for S.D.)

Sometimes I agreed with you
to make you stop telling me things.
I was a fist closed around a rock.

For a long time nothing changed.
It was like driving all day through Texas.

But now I've stopped
tearing the arm off the waiting room chair,
and sneaking back at night to fix it.

And the change was like light
moving through a prism, red
turning to yellow, green to blue,
and all by insensible degrees.

From the Back Steps

A bird begins to sing,
hesitates, like a carpenter
pausing to straighten a nail, then
begins again.
The cat lolls in the shade
under the parked car, his head
in the wheel's path.
I bury the thing I love.

But the cat continues to lie
comfortably, right where he is,
and no one will move the car.
My own violence falls away
like paint peeling from a wall.
I am choosing a new color
to paint my house, though I'm still
not sure what the color will be.

Cages

1

Driving to Winter Park in March,
past Cypress Gardens and the baseball camps,
past the dead beagle in the road, his legs
outstretched, as if he meant to walk
on his side in the next life.

At night, the air
smells like a cup of jasmine tea.
The night-bloomer, white
flowering jasmine,
and groves of orange trees
breathing through their sweet skins.

And cattle in the back
of the truck, staggering
as the driver turns off the highway.

2

By the pool, here at the hotel,
animals in cages to amuse us:
monkeys, peacocks, a pair of black swans,
rabbits, parrots, cockatoos,
flamingoes holding themselves on one leg,
perfectly still, as if they loathed
touching the ground.

The black swan floats
in three inches of foul water,
its bright bill thrust under its wing.

And the monkeys: one of them
reaches through the cage
and grabs for my pen, as if
he had finally decided to write a letter
long overdue.

And one lies in the lap of another.
They look like Mary and Jesus
in the Pietà, one searching for fleas
or lice on the other, for succour
on the body of the other—
some particle of comfort, some
consolation for being in this life.

3

And the body, what about the body?
Sometimes it is my favorite child,
uncivilized as those spider monkeys
loose in the trees overhead.

They leap, and cling with their strong
tails, they steal food
from the cages—little bandits.
If Chaucer could see them,
he would change "lecherous as a sparrow"
to "lecherous as a monkey."

And sometimes my body disgusts me.
Filling and emptying it disgusts me.
And when I feel that way
I treat it like a goose with its legs
tied together, stuffing it
until the liver is fat enough
to make a tin of paté.

34

Then I have to agree that the body
is a cloud before the soul's eye.

This long struggle to be at home
in the body, this difficult friendship.

4

People come here when they are old
for slow walks on the beach
with new companions. Mortuaries
advertise on bus stop benches.
At night in nearby groves,
unfamiliar constellations
rise in a leafy sky,
and in the parks, mass plantings
of cannas are blooming
their outrageous blooms,
as if speaking final thoughts,
no longer caring what anyone thinks. . . .

4

Afternoon in the House

At the Feeder

First the Chickadees take
their share, then fly
to the bittersweet vine,
where they crack open the seeds,
excited, like poets
opening the day's mail.

And the Evening Grosbeaks—
those large and prosperous
finches—resemble skiers
with the latest equipment, bright
yellow goggles on their faces.

Now the Bluejay comes in
for a landing, like a SAC bomber
returning to Plattsburgh
after a day of patrolling the ozone.
Every teacup in the pantry rattles.

The solid and graceful bodies
of Nuthatches, perpetually
upside down, like Yogis . . .
and Slate-Colored Juncoes, feeding
on the ground, taking only
what falls to them.

The cats watch, one
from the lid of the breadbox,
another from the piano. A third
flexes its claws in sleep, dreaming
perhaps, of a chicken neck,
or of being worshiped as a god
at Bubastis, during
the XXIII dynasty.

The Circle on the Grass

1

Last night the wind came into the yard,
and wrenched the biggest branch
from the box elder, and threw it down
—no, that was not what it wanted—
and kept on going.

This morning a man arrives
with ladders, ropes and saws,
to cut down what is left.

2

Eighty years ago, someone
planted the sapling
mid-way between porch and fence,
and later that day,
looked down from the bedroom
on the highest branch.

The woman who stood at the window
could only imagine shade,
and the sound of leaves moving overhead,
like so many whispered conversations.

3

I keep busy in the house,
but I hear the high drone
of the saw, and the drop in pitch
as chain cuts into bark.

I clean with the vacuum
so I won't have to listen.
Finally the man goes for lunch,
leaving the house quiet
as a face paralyzed by strokes.

4

All afternoon I hear the blunt
shudder of limbs striking the ground.
The tree drops its arms
like someone abandoning a conviction:
—perhaps I have been wrong all this time—.

When it's over, there is nothing left
but a pale circle on the grass,
dark in the center, like an eye.

Falling

March. Rain. Five days now.
Water gathers in flat places,
finds every space between stones.
The river peaks, fish lie
stunned on the muddy bottom.

After the crash in the Swiss
countryside, an arm
dangles from a tree. A tortoiseshell
comb parts the grass.
The bookmark is still in place.

This month I was five days late,
but now the blood comes in a rush.
Let everything fall where it will.
Someone unpacks a suitcase, thinks
of living without possessions.

Afternoon in the House

It's quiet here. The cats
sprawl, each
in a favored place.
The geranium leans this way
to see if I'm writing about her:
head all petals, brown
stalks, and those green fans.
So you see,
I am writing about you.

I turn on the radio. Wrong.
Let's not have any noise
in this room, except
the sound of a voice reading a poem.
The cats request
The Meadow Mouse, by Theodore Roethke.

The house settles down on its haunches
for a doze.
I know you are with me, plants,
and cats—and even so, I'm frightened,
sitting in the middle of perfect
possibility.

Full Moon in Winter

Bare branches rise
and fall overhead.
The barn door bangs loose,
persistent as remorse
after anger and shouting.

Dogs bark across the pond.
The shadow of the house
appears on the crusted snow
like the idea of a house,
and my own shadow

lies down in the cold
at my feet, lunatic,
like someone tired
of living in a body,
needy and full of desire. . . .

After an Early Frost

The cat takes her squealing mouse into the bathtub to play. Monopoly? Twenty Questions? I hear bottles and brushes hitting the floor. Then nothing.

I go to take out the dead mouse.

Not in the tub. Nowhere on the floor. Suddenly the towel moves on the rack. The mouse crouches there, shaking, eyes wide, sides heaving, nose like a peppercorn.

I consider bringing the cat back to finish the job. I consider finishing the job myself.

Instead, I nudge it into a coffee can. I put the can under a bush in the garden and go off to write letters.

Maybe it will be back in the shed by suppertime, making a nest in the rag basket. Or I might find it under a leaf, rigid and shrunken. Who knows. Somebody will carry me out of here too, though not for a while.

Year Day

We are living together on the earth.
The clock's heart
beats in its wooden chest.
The cats follow the sun through the house.
We lie down together at night.

Today, you work in your office,
and I in my study. Sometimes
we are busy and casual.
Sitting here, I can see
the path we have made on the rug.

The hermit gives up
after thirty years of hiding in the jungle.
The last door to the last room
comes unlatched. Here are the gestures
of my hands. Wear them in your hair.

The Suitor

We lie back to back. Curtains
lift and fall,
like the chest of someone sleeping.
Wind moves the leaves of the box elder;
they show their light undersides,
turning all at once
like a school of fish.
Suddenly I understand that I am happy.
For months this feeling
has been coming closer, stopping
for short visits, like a timid suitor.

American Triptych

1

At the Store

Clumps of daffodils along the storefront
bend low this morning, late snow
pushing their bright heads down.
The flag snaps and tugs at the pole
beside the door.

The old freezer, full of Maine blueberries
and breaded scallops, mumbles along.
A box of fresh bananas on the floor,
luminous and exotic . . .
I take what I need from the narrow aisles.

Cousins arrive like themes and variations.
Ansel leans on the counter,
remembering other late spring snows,
the blue snow of '32:
Yes, it *was*, it was *blue*.
Forrest comes and goes quickly
with a length of stovepipe, telling
about the neighbors' chimney fire.

The store is a bandstand. All our voices
sound from it, making the same motley
American music Ives heard;
this piece starting quietly,
with the repeated clink of a flagpole
pulley in the doorway of a country store.

2

Down the Road

Early summer. Sun low over the pond. Down the road the neighbors' children play baseball in the twilight. I see the ball leave the bat; a moment later the sound reaches me where I sit.

No deaths or separations, no disappointments in love. They are throwing and hitting the ball. Sometimes it arcs higher than the house, sometimes it tunnels into tall grass at the edge of the hayfield.

49

Gardner Webb College Library

3

Potluck at the Wilmot Flat
Baptist Church

We drive to the Flat on a clear November night. Stars and planets appear in the eastern sky, not yet in the west.

Voices rise from the social hall downstairs, the clink of silverware and plates, the smell of coffee.

As we walk into the room faces turn to us, friendly and curious. We are seated at the speakers' table, next to the town historian, a retired schoolteacher who is lively and precise.

The table is decorated with red, white and blue streamers, and framed *Time* and *Newsweek* covers of the President, just elected. Someone has tied peanuts to small branches with red, white and blue yarn, and set the branches upright in lumps of clay at the center of each table.

After the meal everyone clears food from the tables, and tables from the hall. Then we go up to the sanctuary, where my husband reads poems from the pulpit.

One woman looks out the window continually. I notice the altar cloth, tassled and embroidered in gold thread: Till I Come. There is applause after each poem.

On the way home we pass the white clapboard faces of the library and town hall, luminous in the moonlight, and I remember the first time I ever voted—in a township hall in Michigan.

That same wonderful smell of coffee was in the air, and I found myself among people trying to live ordered lives . . . And again I am struck with love for the Republic.

50

Now That We Live

Fat spider by the door.

Brow of hayfield, blue
eye of pond.
Sky at night like an open well.

Whip-Poor-Will calls
in the tall grass:
I belong to the Queen of Heaven!

The cheerful worm
in the cheerful ground.

Regular shape of meadow and wall
under the blue
                imperturbable mountain.

5

Six Poems from Anna Akhmatova

The memory of sun sickens in my heart,
grass turns yellow,
wind blows the earliest flakes of snow
lightly, lightly.

Already the narrow canals have stopped flowing—
water freezes.
Nothing will ever happen here—
not ever!

The willow against an empty sky makes
a transparent fan.
Maybe it's a good thing I'm not
your wife.

The memory of sun sickens in my heart.
What's this? Darkness?
It's possible! And this may be the first
night of winter.

1911

I know, I know the skis
will begin to creak again.
In a dark blue sky a russet moon,
and a sweetly sloping meadow.
The small windows of the palace burn
distant in the stillness.
No track, no path,
only black holes in ice.
Willow, tree of feminine spirits,
don't get in my way.
Shelter the black grackles, black
grackles among your snowy branches.

1913

Everything promised him to me:
the fading red rim of heaven,
and a sweet dream on Christmas eve,
and the wind at Easter, ringing,

and the shoots of the red vine,
and waterfalls in the park,
and two large dragonflies
on the rusty iron fencepost.

And I could only believe
that he would be mine
as I walked along the high slopes,
the path of burning stones.

1916

Like a white stone in a deep well
one memory lies inside me.
I cannot and will not fight it:
it is joy and it is pain.

It seems to me that anyone who looks closely
into my eyes will notice it immediately,
becoming sadder and more pensive
than someone listening to a melancholy tale.

I remember how the gods turned people
into things, not killing their consciousness.
And now, to keep these glorious sorrows alive,
you have turned into my memory of you.

1916

Along the hard crest of the snowdrift
to my white, mysterious house,
both of us quiet now,
keeping silent as we walk.
And sweeter than any song
this dream we now complete—
the trembling of branches we brush against,
the soft ringing of your spurs.

January, 1917

A land not mine, still
forever memorable,
the waters of its ocean
chill and fresh.

Sand on the bottom whiter than chalk,
and the air drunk, like wine;
late sun lays bare
the rosy limbs of the pinetrees.

Sunset in the ethereal waves:
I cannot tell if the day
is ending, or the world, or if
the secret of secrets is within me again.

1964

Gardner Webb College Library

Dra. Paloma Gómez

FIBROMIALGIA
CÓMO VENCERLA
DESDE EL CUERPO
Y LA MENTE

Una guía para
pacientes
y terapeutas

integral

Fibromialgia

Autora: Paloma Gómez Sanchez
Diseño de cubierta: estitxu
Fotografía de cubierta: Diego Blanco
Compaginación: David Anglès

© del texto, 2007, Paloma Gómez Sanchez
© de esta edición: 2007, RBA Libros, S.A.
Pérez Galdós, 36 - 08012 Barcelona
www.rbalibros.com / rba-libros@rba.es

Primera edición: enero 2008

Reservados todos los derechos.
Ninguna parte de esta publicación
puede ser reproducida, almacenada
o transmitida en modo alguno o por ningún medio
sin permiso previo del editor.

Ref.: OASN062
ISBN: 978-84-9867-006-6
Depósito legal: B. 21.154-2009
Impreso por Book Print Digital S.A.

A todos mis pacientes con fibromialgia,
por lo mucho que me han enseñado

El altivo poeta de la Edad Media escribió a las puertas del mundo subterráneo aquel «Abandonad toda esperanza los que aquí entréis». Los modernos poetas de hoy han puesto idéntico letrero en la puerta de este mundo. Pero, para entender lo que sigue, es necesario que, siquiera por una hora, arranquemos el cartel apocalíptico. Es menester que recobremos algo de la vieja fe de nuestros antepasados...Así pues, lector, si eres un pesimista, olvídate por un momento, mientras lees este libro, de los placeres del derrotismo. Sueña algo disparatado: sueña que la hierba puede ser siempre verde. Olvídate de ese saber siniestro que se te figura tan claro; reniega de ese conocimiento mortífero que te jactas de poseer. Rinde la misma flor de tu cultura; renuncia a lo más preciado de tu orgullo: abandona en suma la desesperanza antes de pasar a leer lo que sigue.

G. K. Chesterton

Índice
de contenidos

Introducción

La fibromialgia es una afección musculoesquelética crónica y dolorosa, caracterizada por la existencia de dolor generalizado y puntos hipersensibles repartidos por todo el cuerpo, todo ello asociado con:

- Alteración de la percepción del dolor (cenestopatía).
- Patrones de sueño anormales.
- Una reducción de la serotonina cerebral.
- Anomalías de la microcirculación y del metabolismo energético del músculo.

La fibromialgia es pues una enfermedad crónica que ocasiona a quien la padece dolor en múltiples localizaciones del cuerpo y un cansancio generalizado. Este proceso se conocía ya desde principios del siglo XX con el nombre de «fibrositis», sin embargo no se ha demostrado que haya ningún tipo de inflamación (la terminación *-itis* significa inflamación), por lo que se decidió adoptar el término oficial de «fibromialgia» (palabra que significa «dolor en los músculos, ligamentos y tendones», las partes fibrosas del cuerpo) como resultado de la Declaración de Copenhague en enero de 1993, en la que se reconoció el síndrome de fibromialgia oficialmente y fue aceptado por la Organización Mundial de la Salud.

Aunque como se ve la definición oficial de la enfermedad se remonta sólo a trece años atrás, la bibliografía que me ha servido de base para la documentación de este libro no es, en su totalidad, de aparición tan reciente como cabría suponerse; en realidad, las referencias abarcan desde los años cincuenta hasta nuestros días.

En estos últimos lustros hemos asistido a una total transformación del mundo, y por ello empieza a resultar interesante plantearse si sigue siendo válida la tradicional relación de la ciencia médica con este nuevo mundo. Prueba de que algo falla es que los pacientes de fibromialgia tengan que recurrir a buscar ayuda para su enfermedad en un libro, por no encontrar en sus médicos la ayuda necesaria; y es que, en general, la gran mayoría de los médicos siguen considerando la fibromialgia como una enfermedad crónica e incurable y después de recetar algún antidepresivo o analgésico acaban diciendo al paciente: «Lo siento, no podemos hacer nada más por usted».

Este tipo de reacción se basa en la creencia de que esta batalla está perdida para un enfermo con fibromialgia. Como no hay una causa conocida, universalmente aceptada, ni tratamiento oficial ni curación, nada hay que podamos hacer.

Esta obra quiere cuestionar estas afirmaciones al sostener la hipótesis de que hay multitud de aportes nutricionales concretos que pueden ayudar a controlar la fibromialgia. Estas sustancias pueden no haber sido rigurosamente comprobadas por el método científico tradicional, pero disponemos de suficientes estudios y evidencias que sugieren que el progreso de la fibromialgia puede reducirse, detenerse o incluso invertirse.

Muchas de las terapias incluidas en este libro no se prestan al tipo riguroso de pruebas controladas a doble ciego que tanto gustan a los científicos. La mayoría no se basan en medicamentos, y por tanto no pueden comprobarse de ese modo, lo cual no resta en absoluto validez a sus efectos.

Cuando los doctores llevan a cabo pruebas clínicas cuidadosamente controladas tratan de aplicar los mismos tratamientos a un grupo escogido de pacientes, dejando a otro grupo, denominado «grupo control», sin ningún tratamiento. Al cabo de un período de tiempo apropiado se compara el estado de los dos grupos y se aplican fórmulas estadísticas para comprobar si el grupo «tratado» ha mejorado o no en relación al grupo control. Aunque éste sea el método ortodoxo de realizar una prueba clínica, y algunos digan que es esencial para demostrar que cualquier beneficio no se debe al azar, a menudo no logra demostrar que el grupo «tratado» mejoró. Ello se debe a que no se produjo una mejoría general suficiente para que la refleje la estadística.

Si el 25 % mejoró y el resto no mejoró o siguió empeorando, el tratamiento será considerado como un fracaso. Nadie cuestionará si los que han mejorado lo han hecho realmente y en qué grado. El estadístico dirá que la mejora se debió al azar y que el tratamiento no fue beneficioso para el total del grupo tratado.

La tragedia de este enfoque radica en que, en el caso de la fibromialgia, todos los pacientes son diferentes. Son distintos sus síntomas, sus ataques y remisiones y su estado de ánimo. Además, hay casos de tipo crónico, progresivo, que irán empeorando desde el primer día sin ningún tipo de remisión. ¿Cómo pueden entonces compararse los efectos en un grupo tan heterogéneo siguiendo la estadística tradicional?

El resultado es que miles de sustancias y complementos dietéticos muy efectivos no son tomados en consideración por la medicina oficial. Si la profesión médica adoptara un enfoque más flexible y viera a cada paciente como un individuo, si se empezara a considerar la curación como un arte en lugar de como una mera ciencia, y se dejara de dividir el cuerpo en compartimentos sin relación entre sí, entonces miles de pacientes con fibromialgia podrían beneficiarse.

Éste es uno de los motivos que me impulsan a querer advertir desde un principio que todo lo escrito a continuación ha de ser necesariamente situado en el contexto del momento actual en que nos encontramos. Así, por ejemplo, y aunque mi intención principal ha sido en todo momento la de mostrar la más amplia gama de toda una serie de nuevas terapias para la fibromialgia, faltan de modo ostensible ciertas referencias a algunas sustancias muy en boga hoy en día, como pueden ser los analgésicos y los antiinflamatorios, ampliamente utilizados con pacientes con fibromialgia con diferentes excusas terapéuticas (ninguna de ellas, por cierto, justificada hasta el momento desde un punto de vista clínico o estrictamente científico).

Me he resistido asimismo a rendir pleitesía a ciertos autores que, si bien muy celebrados en la actualidad (y de casi obligada cita en una obra como ésta), sólo el paso del tiempo aclarará si su prestigio estaba justificado o si todo se debió, simple y llanamente, a las modernas estrategias del marketing internacional. En este sentido, también hago caso omiso de los sacrosantos criterios descritos por el American College of Rheumatology en base a los cuales se diagnostica hoy la fibromialgia, una serie de dieciocho puntos dolorosos situados de forma específica a lo largo del cuerpo, pero que en la actualidad son cuestionados como insuficientes por muchos especialistas, que prefieren tener en cuenta la existencia de un dolor generalizado y crónico de más de tres meses de duración, después de descartar la existencia de otras patologías (habitualmente los análisis de laboratorio no muestran alteraciones, por lo que sólo ayudan a descartar otras enfermedades asociadas).

De cualquier manera, la postura que he decidido adoptar al escribir este libro tiene, o pretende tener, una justificación. Descartada la muy socorrida de la falta de espacio, también podría aducir, para las ya mencionadas exclusiones, la de que ciertos nombres y productos han llenado ya bastantes páginas, quizá demasiadas. Aunque tampoco se trata de eso; en realidad, la verdadera razón de determinadas inclusiones y omisiones no habituales es que, con esta obra, lo que pretendo es, aparte de ofrecer una recopilación de los más modernos descubrimientos bioquímicos de los últimos años en torno a la fibromialgia, desvelar los entresijos de lo que se ha pretendido ocultar al gran público en relación con dichos descubrimientos y las razones para hacerlo.

Reconozco que, aunque en este sentido, el recorrido cognitivo de mi trabajo no es el usual, este planteamiento tiene para mí más lógica y resulta más sincero. Esto es tanto como reconocer que se trata, en última instancia, de un punto de vista eminentemente subjetivo, pero de forma paradójica, ésta era, a mi entender, la única posibilidad de abordar un tema como éste con total y absoluta vocación de veracidad.

A estas alturas ya habrá quien se estará haciendo la pregunta de rigor: ¿pero la verdadera ciencia no ha de ser siempre por definición veraz y objetiva? Y ahí estriba la falacia: que puede no serlo. De hecho, no lo es en gran parte de los casos. Demasiados intereses comerciales y económicos entran en juego.

Por otro lado, el paradigma científico que ha venido rigiendo hasta ahora no es algo objetivo, neutro y universal; la realidad es que cualquier abordaje investigador está siempre en relación con un marco teórico, y éste a su vez lo está con unos presupuestos ideológicos, sociales, históricos y personales.

La consecuencia es que el científico nunca es del todo ajeno a los sistemas de valores predominantes en su momento ni a su propia visión del mundo, y percibe así unos datos y no otros de una misma realidad, sin que con esto pretenda insinuar que exista una intención consciente de tergiversar los hechos.

Las ciencias además, como es sabido, siempre desempeñan el papel de corifeo del orden de cosas establecido: responden a dicho sistema y lo refuerzan. Es por ello que algunos revisionistas de la historia de la ciencia como Thomas

Kuhn han empezado a proponer que ésta comience a ser considerada como una alternancia entre estables períodos de ciencia «normal», bajo la hegemonía de un paradigma teórico dado, y turbulentos cambios de paradigma o «revoluciones científicas», en el curso de las cuales factores en apariencia externos a la ciencia, como la psicología individual o la sociología de las comunidades, pueden ser tan determinantes como los estrictamente lógicos.

Para parafrasear a Larry Laudan, la ciencia sería bifronte, como Jano, aquel antiguo dios romano de dos caras que adivinaba y determinaba el porvenir de quien le consultaba, y en ella caben tanto la convergencia o el consenso como el disenso o la divergencia, sin que en el primer caso se dé siempre una racionalidad ejemplarizante, ni tenga en el segundo caso por qué hallarse enteramente desprovista de racionalidad.

Y es que el pensamiento científico-racional no es más que una forma de organizar el conocimiento. Y no estoy diciendo que esta organización no sea eficaz y pueda proporcionar resultados prácticos, lo que digo es que se trata sólo de una forma particular de conocer y que existen otras formas. Porque la gran falacia del pensamiento lógico-científico consiste en enmascarar sus intenciones al presentarse como EL CONOCIMIENTO, como si fuera de él no existieran más que el oscurantismo y la ignorancia.

Se trataría, en suma, de no confundir pequeñas verdades parciales con LA VERDAD. Por otro lado, dentro de la ciencia tienen cabida una ecuanimidad dictada por el entendimiento y otra dictada por las querencias y sentimientos; y hay temas que corresponden a un fuero y otros que responden al otro. Sin embargo, muchos de los aspectos de la fibromialgia que trato en esta obra no corresponden propiamente a ninguno de los dos: para muchas de las sustancias y terapias que menciono la ciencia sigue reservando un estatus especial, un «fuero bicéfalo», en el que la objetividad se da en forma escindida, como compuesta de dos subjetividades, y donde la razón puramente científica sólo sirve como contrapeso de los intereses comerciales y económicos, que muchas veces son los que priman.

Es por ello que un juicio subjetivo en estas materias no es de manera forzosa un juicio parcial, y siempre estará sujeto a factores individuales: la sensibilidad y la mentalidad, la razón y la intuición..., y ya decía el doctor Marañón que sólo a través de la integración de todo ello se puede llegar a hacer una buena medicina.

Todo lo anteriormente expuesto justifica la tal vez en apariencia jactanciosa afirmación de que éste es un libro eminentemente subjetivo y, de hecho, puede que contenga algunas opiniones acerca de la fibromialgia del todo inaceptables o incluso «desestabilizadoras», pero lo serán sólo a juicio de ciertos sectores de la clase médica, no así de otros. Por fortuna, aún no hay manera alguna de ponerse de acuerdo en lo tocante a las diversas terapias dentro de nuestra profesión. En este sentido, cada maestrillo sigue teniendo su librillo, como dice el refrán.

Y no es que con la mención de determinados temas quiera provocar la polémica per se, como función específica, pero sí pretendo poner en guardia el discernimiento del gran público ante ciertas manipulaciones, tanto más graves en cuanto que conciernen a la salud de un amplio porcentaje de la sociedad. Y es que la fibromialgia es cada vez más frecuente, ya que la padece entre el 1 y el 3% de la población, lo que supone que habrá entre 400.000 y 1.200.000 personas con fibromialgia en España.

En realidad, lo que desearía es aportar un cierto conocimiento acerca de algunos remedios muy eficaces para esta enfermedad que, aunque bien conocidos en otros lugares desde hace algunos años, aún resultan prácticamente desconocidos en nuestro país.

En este sentido la obra ha de cumplir su cometido tanto provocando la discusión, como convenciendo a quien no tiene una opinión formada todavía acerca del tema, y va dedicada tanto a quienes ratifiquen como a quienes rectifiquen su parecer acerca de la fibromialgia después de haberla leído.

Según mi experiencia, siempre hay más de una causa en cualquier condición de mala salud, incluyendo la fibromialgia. El problema estriba en encontrarlas. Y nunca se encontrarán si no se las busca con una mentalidad abierta.

Cuando un médico le dice a alguien que tiene fibromialgia, debería de decirle también que muchísimos pacientes con esa enfermedad han conseguido mejorar y mantenerse bien siguiendo determinadas directrices. Con seguridad eso es mejor que ser sentenciado a empeorar progresivamente sin poder hacer nada.

No puedo garantizarle que probando lo que se dice en este libro se vaya a curar por completo, pero seguro que como mínimo va a mejorar bastante. En mi opinión merece la pena probarlo.

Qué es exactamente la fibromialgia

La palabra «fibromialgia» significa dolor en los músculos y en el tejido fibroso (ligamentos y tendones). Es un síndrome (un conjunto de signos y síntomas) que ocasiona dolores generalizados en todos los músculos, tendones y ligamentos del cuerpo. No tiene nada que ver con la artritis o la artrosis; es una enfermedad dolorosa, no articular, que involucra a los músculos, y es la causa más común de dolor musculoesquelético crónico y generalizado.

Los pacientes con fibromialgia se quejan de que «les duele todo». Sienten un fuerte dolor en músculos y articulaciones, acompañado de una sensación de quemazón o fatiga muscular.

Por este motivo se considera una enfermedad reumática más entre las muchas existentes. El médico diagnostica la fibromialgia cuando encuentra en una persona determinada unas alteraciones que concuerdan con las que han sido recientemente establecidas por expertos reumatólogos para su diagnóstico.

En España se calcula que está afectada entre el 2 y el 3 % de la población. Es más frecuente en mujeres que en hombres, y puede manifestarse a cualquier edad, incluso en niños y adolescentes.

El dolor ocasionado por la fibromialgia es imprevisible y varía de día a día tanto en su forma como en su intensidad. Los pacientes que padecen este cuadro no saben cómo se sentirán al día siguiente. El dolor afecta a varias partes del cuerpo, como los hombros, las caderas, las piernas, los brazos y hasta los músculos de los ojos. El paciente padece agotamiento, siempre se siente cansado, y el dolor puede llegar a ser incapacitante. Los enfermos de fibromialgia tienen dificultad para conciliar el sueño, que es ligero y superficial y nunca lo bastante profundo para ser reparador.

La fibromialgia puede presentarse como única alteración (fibromialgia primaria) o asociada a otras enfermedades (fibromialgia concomitante o secundaria). Es un síndrome que ha sido reconocido por la Organización Mundial de la Salud recientemente y hasta ahora no había formado parte de las materias que se enseñaban en las Facultades de Medicina. Aparte de este desconocimiento por parte de la clase médica, la fibromialgia es un cuadro que tiende a confundir al profesional de la medicina, ya que casi todos sus síntomas son comunes a otras alteraciones y además no tiene una causa conocida. No es inusual que antes de que se llegue al diagnóstico definitivo se haya acudido a diferentes médicos de diversas especialidades (aparato digestivo, cardiología, psiquiatría...). Algunos pacientes de fibromialgia pueden estar disgustados porque algunos médicos no consideran que sea una enfermedad «seria». Es más, con frecuencia los mismos familiares acaban dudando de la veracidad de las molestias que el enfermo refiere, puesto que el médico les informa de que los análisis y las radiografías son normales. Las múltiples molestias que ocasiona la fibromialgia a quien la sufre, junto con el hecho de que con frecuencia el proceso no sea adecuadamente identificado como tal, ocasionan una gran angustia e inquietud al enfermo. Por este motivo, muchos pacientes con fibromialgia tienen mucho ganado si reciben una explicación comprensible sobre la naturaleza de su proceso para así poder aceptar sus propias limitaciones y hacer los cambios pertinentes en su estilo de vida.

Es pues muy importante que en los diferentes ámbitos en los que se relaciona el enfermo se conozca la patología, y en especial es fundamental el apoyo familiar para que el paciente la afronte de forma positiva.

SÍNTOMAS ASOCIADOS A LA FIBROMIALGIA

• **Dolor**: el síntoma más importante de la fibromialgia es el dolor. La persona que busca la ayuda del médico suele decir «me duele todo». Es un dolor difuso, mal delimitado, que afecta a una gran parte del cuerpo. En algunas ocasiones el dolor ha comenzado de forma generalizada, y en otras en un área determinada, como el cuello, el hombro, la columna lumbar, etc., desde donde se ha extendido.

El dolor de la fibromialgia se describe como un dolor muscular profundo, quemazón, molestia, desazón, o «como si algo se clavase o quemase». Con frecuencia los síntomas varían en relación con la hora del día, el grado de actividad, cambios de tiempo, la falta de sueño o el estrés.

- **Entumecimiento**: además de dolor, la fibromialgia puede ocasionar rigidez generalizada de los músculos, sobre todo al despertarse por las mañanas o cuando hay cambios de tiempo, y sensación de hinchazón mal delimitada en manos y pies. Con frecuencia, el dolor y la rigidez empeoran por la mañana y pueden doler más los músculos que se utilizan de forma repetitiva.

- **Parestesias**: pueden notarse hormigueos y cosquilleos poco definidos que afectan de forma difusa a las extremidades, sobre todo a las manos.

- **Fatiga**: otra alteración característica de la fibromialgia es el cansancio, que se mantiene durante casi todo el día. Este síntoma puede ser leve en algunos pacientes y sin embargo muy severo en otros, aunque en general las personas que padecen fibromialgia presentan una mala tolerancia al esfuerzo físico. Sienten que se les ha agotado la energía («como si me hubieran dado una paliza»). Otras veces los pacientes lo refieren como si tuviesen los brazos y piernas metidos en bloques de cemento. Este hecho condiciona que cualquier ejercicio de intensidad poco corriente produzca dolor, lo que hace que se evite. La consecuencia es que cada vez se hacen menos esfuerzos, la masa muscular se va perdiendo y el nivel de tolerancia al ejercicio desciende aún más. En ciertos casos la fatiga es sobre todo mental, con sensación de abatimiento general, y con pocas ganas de hacer las labores habituales y cotidianas.

- **Trastornos del sueño**: el 70 % de los pacientes con fibromialgia se quejan de tener un sueño de mala calidad («me levanto más cansado de lo que me acuesto»), y el dolor empeora los días que duermen mal. Se han realizado estudios del sueño con un encefalograma, un aparato que registra las ondas cerebrales, en los que se ha observado que los pacientes con fibromialgia pueden conciliar el sueño sin dificultad, pero su sueño a nivel profundo se ve interrumpido con frecuencia por actividad cerebral de tipo alfa, es decir, es como si se despertaran parcialmente, o tuvieran pesadillas toda la noche, pues estas ondas son las que mantienen la actividad de alerta del cerebro y deberían estar ausentes en esa fase profunda del sueño. No se sabe si la presencia de estas ondas alfa está relacionada con la causa de la enfermedad o es consecuencia de la misma. Algunos sujetos con fibromialgia tienen además otros síntomas asociados, tales como apnea nocturna o ronquido patológico, mioclonías del sueño (movimientos bruscos de brazos y piernas) y bruxismo (rechinar de dientes).

- **Jaquecas y dolores de cabeza**: los pacientes pueden experimentar dolores de migraña, tensión, cefaleas, y estos dolores se pueden concentrar detrás de los ojos.

- **Síndrome temporomandibular**: causa un dolor tremendo en las áreas del cuello, de los hombros, la cara, la mandíbula y la cabeza de un 25 % de los pacientes con fibromialgia. Más que con la propia articulación temporomandibular, se cree que la mayoría de los problemas que se asocian con este síndrome están relacionados con los músculos y ligamentos que la envuelven.

- **Trastornos digestivos**: muchos pacientes presentan malestar estomacal, estreñimiento o diarrea y colon irritable. Del 40 al 70 % de los enfermos con fibromialgia tienen síntomas de intestino irritable, tales como el ya mencionado estreñimiento alternado con diarrea, dolor abdominal, gases y náuseas.

- **Vejiga irritable**: los pacientes con fibromialgia experimentan un aumento en la frecuencia de las ganas de orinar o necesitan con urgencia evacuar la vejiga sin poder aguantar, sin que tengan cistitis ni ninguna infección en la vejiga.

- **Dolores de pecho**: estos dolores son conocidos como «costocondralgia», que consiste en un dolor torácico que se manifiesta donde las costillas se unen con el esternón.

- **Alteraciones cognitivas y de memoria**: los pacientes se quejan de dificultad para concentrarse, tienen lapsus de memoria, se confunden al hablar o al escribir, se vuelven torpes. Esto puede variar de un día a otro.

- **Desequilibrio**: muchos pacientes presentan problemas de desequilibrio postural o mareos y alteraciones de la coordinación motora.

- **Sensibilidad exacerbada**: el paciente puede presentar alergias a sustancias que antes toleraba, y mucha sensibilidad al ambiente, a la luz, al ruido y a los olores. Los cambios de temperatura le afectan de forma aguda; siente que su cuerpo es un barómetro del tiempo, pues el cuerpo le duele más cuando la humedad ambiental es más intensa.

- **Manos y pies fríos**: es una sensación inusual de frío en las extremidades que puede estar acompañada por cambios de color en la piel de pies y manos debido a un trastorno de la circulación a ese nivel (el denominado síndrome de Raynaud). Puede producirse acorchamiento o punzadas en las manos, calambres musculares y sensación de hinchazón en las piernas.

- **Depresión o ansiedad**: a pesar de que a muchos pacientes se les diagnostica depresión o trastornos ansiosos, éstos a menudo son resultado de los dolores crónicos y la desazón que provoca la fibromialgia, más que ser la causa de estos síntomas.

- **Otros síntomas comunes**: pueden presentarse con mayor frecuencia menstruaciones dolorosas, sequedad de ojos y boca, cambios en la prescripción de las gafas (con incremento de la miopía y el astigmatismo) y síntomas menopáusicos exacerbados, con sofocos intensos y desequilibrios hormonales.

¿QUÉ CAUSA LA FIBROMIALGIA?

Los investigadores están estudiando y buscando las causas del síndrome de fibromialgia, sobre todo en el Instituto Nacional de la Salud en Washington. Actualmente diferentes universidades llevan a cabo investigaciones que esperan arrojar luz sobre la causa de este síndrome, y se están llevando a cabo experimentos en el campo de la neuroendocrinología, la inmunología y la fisiología del ejercicio.

Hasta el momento su causa permanece desconocida. No obstante, se conocen algunos desencadenantes, como por ejemplo infecciones (tanto virales como bacterianas), un accidente u otra enfermedad simultánea, como artritis reumatoide, lupus eritematoso o hipotiroidismo. Estos desencadenantes probablemente no causan la fibromialgia en sí, sino que parecen activar alguna anomalía fisiopatológica latente que ya estaba presente en los pacientes.

Así, se han descrito casos de fibromialgias que comienzan después de procesos muy concretos, como puede ser un trauma físico (por ejemplo, un accidente de automóvil) o un estrés emocional agudo (desengaños amorosos, divorcio, un problema con los hijos...). En otros casos aparecen después de que otra enfermedad conocida limite la calidad de vida de enfermo. Como ya se ha comentado, estos agentes desencadenantes no parecen causar la enfermedad, sino que es posible que la «despierten» en personas que ya tienen una anomalía oculta en la regulación de su capacidad de respuesta a determinados estímulos.

Así pues, aunque no se sabe con certeza, es probable que una respuesta anormal a los factores que desencadenan el estrés desempeñe un papel muy importante en esta enfermedad. Los estudios clínicos sobre la fibromialgia se han orientado a analizar si hay lesiones en los músculos (la afectación de los neurotransmisores en este nivel ocasiona dolor crónico), modificaciones en el sistema inmunológico, de la fisiología del sueño, anomalías psicológicas, problemas hormonales o, como se ha señalado antes, alteraciones en los mecanismos protectores frente al dolor. Así, en el sistema nervioso de los pacientes con fibromialgia se han detectado niveles anormalmente bajos de algunas sustancias importantes en la regulación de las sensaciones dolorosas, en especial la serotonina y las endorfinas endógenas. En este sentido, están empezando a aparecer muchos datos prometedores pero aún en investigación. Además, se están utilizando técnicas de imagen para el estudio de funciones cerebrales y análisis virológicos para determinar el papel de las infecciones víricas en la fibromialgia. La ansiedad y la depresión se presentan con igual frecuencia en la fibromialgia que en otras enfermedades dolorosas crónicas, como pueden ser la lumbalgia o la artritis reumatoide. Por este motivo no se cree que sean fundamentales en la causa de la enfermedad, pero sí en el aumento de los síntomas. La causa de la fibromialgia no es un capítulo cerrado en la medicina, y hay que reconocer que en la actualidad sigue siendo un misterio.

Como ya se ha comentado, entre los agentes desencadenantes, el estrés ocupa, según muchos autores, el primer lugar, pues en parte explica la sensación de agotamiento y fatiga. No se trata tanto del estrés físico, causado por ejercicio intenso o práctica excesiva de deporte, que acarrean fenómenos de fatiga muy transitorios, sino de estrés intelectual, aunque sólo de forma excepcional se le puede considerar como factor causal exclusivo; lo más frecuente es que se hallen implicados preocupaciones y disgustos.

Es decir, la fatiga producida por un esfuerzo intelectual sostenido y prolongado, como la preparación de unas oposiciones o un examen, no conduce de por sí a la fibromialgia. Dicho esfuerzo ha de ir acompañado de frustraciones o preocupaciones de índole emocional; por ejemplo, las producidas por una decepción amorosa, por el acoso moral en el trabajo (*mobbing*), por el fracaso en unas oposiciones, etc.

Todas estas causas actúan produciendo una emoción,

que provoca una alteración en los niveles de los neurotransmisores cerebrales. De todas maneras, no siempre las emociones más intensas son forzosamente las que más influyen en la aparición de la fibromialgia, de hecho las emociones lentas y prolongadas tienen más importancia en el origen del cuadro que los shocks.

Y no obstante, existen estados fibromiálgicos en cuyos antecedentes, a pesar de un minucioso interrogatorio por parte del médico, no es posible descubrir ni un shock emocional anterior ni ningún tipo de estrés. La contradicción con lo que se ha expuesto anteriormente es sólo aparente. Los enfermos no siempre revelan el origen de su enfermedad desde la primera consulta; por distintas razones, ya sea por una privacidad mal entendida o por amor propio, lo disimulan cuidadosamente. En más de un caso, sólo después de varias semanas es posible obtener una confesión franca de las emociones más ocultas, los temores y las frustraciones que han podido llevar a la fibromialgia.

Si con frecuencia el juicio de los fibromiálgicos acerca de sí mismos está alterado, debemos evitar que el nuestro, como médicos, se forje demasiadas ilusiones de encontrar la causa exacta de su mal, y no juzgar la mentalidad de los otros, sus sentimientos, sus intuiciones y sus actos según nuestra mentalidad y los móviles que nos impulsan. Lo que no es para nosotros como terapeutas un origen de emoción puede serlo para el paciente; es cuestión de temperamento y de constitución.

Entre los agentes desencadenantes de la fibromialgia también debemos mencionar las intoxicaciones por drogas (drogas de diseño, anfetaminas, marihuana, cocaína), y las enfermedades infecciosas tanto virales como bacterianas, muy especialmente la gripe. Unas y otras son susceptibles de producir, además de sus efectos específicos, una astenia nerviosa que puede acabar en una fibromialgia.

El cuadro fibromiálgico no siempre aparece durante el período de remisión de las enfermedades infecciosas; algunas veces se manifiesta durante la convalecencia y en otras ocasiones una vez alcanzada la curación. Normalmente, con la reaparición de las fuerzas aparece también la confianza en recuperar la salud, pero si este momento coincide con algún estrés emocional agudo, no es difícil imaginarse que el concurso de estas circunstancias sea susceptible de repercutir en la mentalidad del sujeto predispuesto.

Entre las enfermedades infecciosas, las venéreas o de transmisión sexual son las que cuentan con más frecuencia a la fibromialgia entre sus complicaciones, sin que sea posible establecer una relación constante entre la gravedad de la enfermedad y la intensidad del cuadro subsiguiente; un simple herpes genital puede acarrear una intensa fibromialgia. El caso es que este tipo de enfermedades son las que más deprimen emocionalmente, pues se consideran como algo vergonzoso, y esto afecta en grado sumo el estado de ánimo de los enfermos. Estas afecciones hieren el amor propio del individuo, su autoestima; suscitan temores al rechazo y reclaman el secreto, acarreando con frecuencia complicaciones de índole familiar y social.

Lo que es cierto para las infecciones lo es igualmente para las intoxicaciones, y más aún para la intoxicación por las modernas drogas de diseño y la cocaína, tanto más cuanto estas intoxicaciones no son accidentes fortuitos, sino motivados y consentidos por una mentalidad más o menos adictiva.

La fibromialgia que sobreviene en el curso o en la convalecencia de las infecciones y de las intoxicaciones, enfermedades locales o generales, no es sólo la consecuencia directa de la acción tóxica sobre las células nerviosas, sino también de los trastornos emocionales que estos cuadros originan. Por las sensaciones que producen, el cambio de vida que acarrean, aumentan el sentimiento de la propia personalidad, y hacen aflorar el yo hasta extremos inimaginables.

La misma interpretación se debe aplicar a los traumatismos. No se puede establecer siempre una relación entre la gravedad de un trauma físico sobre el cuerpo y la fibromialgia que a veces se origina a continuación. Las circunstancias en las que se produce (por ejemplo, un accidente grave de automóvil), las modificaciones que origina en la vida del paciente desde los puntos de vista familiar y social, son ya lo bastante abundantes en emociones para que sea preciso insistir: la emotividad previamente alterada del sujeto, hasta ese momento contenida o latente, sólo esperaba la oportunidad de exteriorizarse.

De esta breve revisión de las causas de la fibromialgia se destaca pues la idea de que el principal agente etiológico es el estrés emocional. Cuanto sea susceptible de producir una emoción negativa duradera en un individuo o de aumentar su emotividad, alterando los niveles de sus neurotransmisores cerebrales, puede ser causa de fibromialgia.

LA ALTERACIÓN DE LOS BIORRITMOS Y LA CONTAMINACIÓN ELECTROMAGNÉTICA

Los biorritmos son unos ciclos vitales de nuestro organismo que comienzan a funcionar en el momento de nuestro nacimiento y lo hacen ininterrumpidamente y con la misma periodicidad durante toda nuestra vida. Las más modernas teorías apuntan a una alteración profunda de estos ritmos vitales como causa de la fibromialgia.

Tenemos tres biorritmos que predisponen o modifican nuestras capacidades:

- El biorritmo FÍSICO: de 23 días de duración, influye en nuestra forma y condición física. Determina nuestra resistencia al esfuerzo y a las enfermedades.
- El biorritmo EMOCIONAL: de 28 días de duración, influye en nuestro estado de ánimo, susceptibilidad a las emociones, actitud y sexualidad.
- El biorritmo INTELECTUAL: de 33 días de duración, influye en todas nuestras capacidades intelectuales, como la memoria, la capacidad de concentración, el entendimiento y el razonamiento.

Los biorritmos físico y emocional fueron descubiertos por el médico alemán William Fliess en los años veinte; sus teorías fueron ampliadas en los años sesenta por el biólogo vienés Herman Swoboda.

El investigador austríaco Alfred Teltscher detectó por primera vez el biorritmo intelectual en 1925 y el médico alemán Krumm Heller desarrolló sus teorías a finales del siglo XX.

Posteriormente, se han elaborado numerosas estadísticas y estudios, principalmente en Estados Unidos, sobre hechos ocurridos y su relación con la posición de los biorritmos de sus protagonistas en aquel momento, y los resultados obtenidos en todos los casos coinciden con las leyes de los biorritmos, lo cual confirma la teoría de su existencia.

Actualmente en Japón millones de personas consultan diariamente sus biorritmos y numerosas empresas los utilizan con sus empleados para prevenir accidentes laborales. También en Estados Unidos las grandes compañías y un gran porcentaje de ciudadanos tienen en cuenta los biorritmos.

Desde su aparición sobre la faz de la tierra, el ser humano se ha visto sometido a tres tipos de influencias: las surgidas de su interior, las que se producen en el medio que le rodea y las que fluyen en el Universo. Estas influencias, a su vez, son producto de la acción de diversas energías, las cuales, en última instancia, no son más que la manifestación de una energía única que podríamos denominar «energía universal».

Existen por tanto tres campos de fuerza que corresponden a la proyección de esta energía universal en las distintas áreas que afectan a la persona. Dichos campos podrían representarse mediante tres esferas concéntricas, según el nivel de su importancia energética. Tendríamos así, en primer lugar, la formada por el Universo, dentro de la cual se encontraría la del medio ambiente, que a su vez encerraría en su interior al ser humano, sujeto a su propio campo de energías.

En relación con los neurotransmisores que se encuentran alterados en la fibromialgia, su esfera de influencia más importante sería la constituida por la coordinación de las energías que surgen del interior del ser humano. A estas energías se las engloba bajo la denominación común de «bioenergía» y constituyen las energías propias de todos los seres vivos.

Al igual que las otras fuerzas, la bioenergía participa del latir de la energía universal; su acción aumenta y disminuye periódicamente, según una pauta continua. Se forma así el ciclo, constituido por dos fases: una de actividad energética y otra de reposo y de recuperación de energía. La duración de un ciclo será el tiempo que tarde la energía en pasar por ambas fases.

Cuando nos referimos a un ciclo en relación a la bioenergía, se llama «ciclo vital», para distinguirlo de los otros ciclos de la naturaleza. Los ciclos vitales suelen medir procesos orgánicos del ser humano y, en general, tienen una duración igual o inferior a un día. Los ciclos vitales de mayor duración son más difíciles de estudiar, y por lo tanto, son menos conocidos.

Como seres humanos, estamos sujetos a numerosas influencias, tanto externas como internas. Cada una de estas influencias predomina sobre las demás en la medida en que las restantes se encuentran más o menos estabilizadas.

Dentro de las influencias externas podemos, de forma genérica, distinguir varios grupos, entre los que destacarían en primer lugar las influencias cósmicas o universales.

Como recuerda Carl Sagan en su célebre obra *Cosmos,* la vida en la Tierra funciona exclusivamente gracias a la luz del Sol: «Las plantas captan los fotones y convierten esa luz en energía química. En este sentido, los animales, incluidos los humanos, no somos más que parásitos de las plantas. La agricultura es simplemente la recogida sistemática de esta energía obtenida de la luz solar».

Ahora bien, aparte de ese constante flujo de luz y calor que permite la autorregulación vital de nuestro planeta, la capa más externa del Sol, la denominada «corona solar», es origen constante de un viento solar, un chorro de átomos ionizados que el Sol envía al espacio y que la Tierra recibe en parte en las regiones polares, allá donde la magnetosfera, la capa magnética que envuelve a nuestro planeta, presenta zonas más débiles.

Cada once años el Sol alcanza un máximo de actividad magnética, que se traduce en un aumento de la intensidad de este viento solar, el cual triplica su velocidad y eleva la temperatura de la ionosfera terrestre, lo cual desde siempre ha afectado tanto a los ritmos biológicos de la naturaleza en general como del ser humano en particular. Ya Virgilio hablaba de estas «manchas solares» en *Las Geórgicas* (manchas que corresponden a intensos campos magnéticos), comentando en su célebre obra que cuando éstas se hacen visibles (pues a veces pueden distinguirse a simple vista al atardecer o al amanecer) influyen sobre la salud y la sexualidad de los humanos, aumentando los casos de locura y de melancolía.

El último año de este aumento de la actividad solar fue 2001, que coincidió con un espectacular aumento en todo el mundo de los casos de fibromialgia, quizá debido a la creciente degradación de la capa de ozono que envuelve nuestro planeta, y que puede haber incrementado los habituales efectos que dicho aumento de la radiación solar suele ejercer sobre los seres humanos.

Otras influencias externas son las propias del mundo que habitamos. Unas son cíclicas, como las que producen la sucesión de las diversas estaciones, el día y la noche...; otras no están sujetas a ritmos regulares, como puede ser el tiempo, las épocas de lluvia o de viento.

Nuestros antepasados seguían el compás de sus ritmos internos. Comían cuando tenían hambre, dormían cuando estaban cansados y trabajaban y descansaban según las necesidades de sus organismos. El sol y las estaciones eran sus únicos relojes, que les decían cuándo sembrar ciertos cultivos y cuándo empezar a construir refugios para el invierno, incluso cuándo aparearse... Como los animales con los cuales compartían sus hábitats, estaban sincronizados con el mundo natural.

En su célebre *Tratado de Geografía Física,* Arthur Strahler inicia el capítulo dedicado a la atmósfera terrestre con la expresiva afirmación de que «el ser humano vive en el fondo de un océano de aire». Pero no sólo el ser humano, sino todos los seres vivos que habitan nuestro planeta, tanto animales como vegetales, incluidos los acuáticos, dependen de esta capa de gases que envuelve a la Tierra como un escudo protector. Durante el día, la atmósfera constituye un eficaz filtro de las radiaciones solares, y durante la noche, impide que se produzca una pérdida excesiva de calor hacia el espacio exterior.

La Luna, que carece de esta atmósfera, sufre unas oscilaciones térmicas a lo largo del día lunar de hasta 250º, y tanto estas variaciones de temperatura como la de sus campos magnéticos afectan también en gran medida a los ciclos biológicos de los seres terrestres, incluidos los humanos.

Así pues, la atmósfera es un elemento decisivo para la existencia de la vida sobre la Tierra; pero no cualquier atmósfera, sino la que se ha ido formando en torno a nuestro planeta tras miles de años de evolución conjunta con los seres que lo han ido poblando. Hasta hace unas cuantas décadas esta atmósfera se componía de cuatro gases principales: nitrógeno, oxígeno, argón y dióxido de carbono (CO_2). Este último es trascendental para la existencia de los vegetales. Los animales, por su parte, dependen por completo del oxígeno para generar energía a partir de la oxidación de los compuestos orgánicos que ingieren.

El problema es que, en los últimos años, otros gases se han incorporado a la atmósfera como resultado de la actividad industrial del ser humano. Son compuestos que constituyen una causa importante de polución atmosférica y que tienen consecuencias muy negativas sobre la vida de los organismos terrestres. Por ejemplo, el dióxido de azufre (SO_2) inhibe el desarrollo de muchas cadenas metabólicas en ciertas plantas y animales inferiores, y no se sabe muy bien aún cómo puede llegar a influir sobre el metabolismo de las personas, aunque si se confirma que altera la síntesis de neurotransmisores cerebrales, podría ser otro de los factores implicados en el actual auge de los casos de fibromialgia en todo el mundo. Por lo pronto, el SO_2, al mezclarse con el agua condensada en las nubes, cae a la Tierra en forma de «lluvia ácida», la cual, si bien no quema la piel humana, sí resulta a la larga mortal para las plantas y los peces, y ha arrasado grandes extensiones de bosques en todo el planeta.

Otra familia de sustancias químicas llamadas clorofluorocarbonos (CFC), que se usan como fluidos refrigerantes de las neveras y los aparatos de aire acondicionado, y también se emplean para limpiar los chips que sirven de memoria a los modernos ordenadores, es la principal responsable de la destrucción de la capa de ozono. Ya a principios de los años noventa la organización ecologista Greenpeace hizo público un comunicado reclamando la paralización inmediata de la fabricación de CFC. En dicho documento, Greenpeace consideraba que «las consecuencias que un aumento en la concentración de cloro estratosférico, con la consiguiente disminución del ozono, puede tener para el futuro de la vida en el planeta son absolutamente desconocidas incluso para la comunidad científica internacional. Continuar produciendo y emitiendo CFC es exponer al planeta a riesgos imprevisibles».

Pero estos gases, desconocidos hasta ahora para la naturaleza, que se liberan de manera constante a la atmósfera, no constituyen la única amenaza con la que deben enfrentarse en la actualidad nuestras ancestrales cadenas metabólicas. La radiación electromagnética y la luz artificial son otros dos tipos de contaminación ambiental que actúan fundamentalmente trastornando el reloj biológico y por tanto los biorritmos de los seres vivos.

Así por ejemplo, los niveles de luz artificial con los que iluminamos de forma habitual nuestros hogares pueden trastornar el funcionamiento de nuestro metabolismo y la síntesis de nuestros neurotransmisores. Investigadores estadounidenses afirman haber comprobado que niveles normales de luz artificial, no excesivamente brillante, afectan al reloj interno de las personas. Este hallazgo pone en evidencia que muchas personas en los países industrializados pueden encontrarse en un estado permanente de falta de sueño y de trastorno de sus ritmos biológicos, como les ocurre a los fibromiálgicos.

Un estudio de más de diez años de duración sobre la respuesta humana a los niveles de luz habituales en las casas y oficinas modernas ha puesto de manifiesto que la costumbre actual de convertir la noche en día mediante la luz artificial, que a veces mantenemos encendida hasta altas horas de la madrugada, puede tener efectos profundos sobre el funcionamiento de los ciclos orgánicos del organismo hasta ahora no sospechados.

«Creemos que el invento de Thomas Edison ha tenido a la larga un efecto sobre el reloj interno del cuerpo humano mucho mayor de lo que nadie podía imaginar», afirma Charles A. Czeisler, principal autor de un estudio publicado en la revista *Nature* que analiza cómo la prolongada exposición a la luz artificial es la causa de que mucha gente de los países industrializados padezca una permanente sensación de cansancio físico y psíquico y duerma mal. «Nuestros resultados indican que los seres humanos somos mucho más sensibles a la luz de lo que se creía, y mucho más parecidos en este sentido al resto de los mamíferos.»

El problema es que nos hallamos en una época en la que la prisa parece dominarlo todo. Los últimos cincuenta años han transformado más el mundo que los últimos veinte siglos pasados. Así, la vida del ser humano cambia hoy con gran rapidez en todos los aspectos, y si es verdad que estamos conquistando nuevos valores materiales y tecnológicos, no es menos cierto que a la vez estamos perdiendo o trastocando multitud de ciclos y ritmos biológicos que se habían ido asentando a lo largo de la evolución de nuestra especie. Quizá los enfermos de fibromialgia sólo sean personas particularmente sensibles a la alteración de estos biorritmos, y acusan los cambios con especial intensidad.

Nadie como los japoneses han sabido comprender en qué medida es hoy importante recuperar el conocimiento de nuestros ritmos vitales. De hecho, los científicos de Japón están a la cabeza en la investigación de estos ciclos vitales y son los primeros en haber relacionado su alteración con la aparición de la fibromialgia.

En realidad, fue al principio de los años cuarenta cuando el doctor Franz Halberg, un brillante y joven científico europeo que trabajaba en Estados Unidos, observó que el número de glóbulos blancos en los cobayas variaba ostensiblemente según las horas del día. Halberg estudió estas subidas y bajadas y descubrió que formaban un ciclo predecible, que llamó ritmo circadiano (del latín, «alrededor del día»).

Con este experimento nació la moderna ciencia de la cronobiología, el estudio de los ritmos biológicos en los seres vivos. En la actualidad se considera que prácticamente todo nuestro sistema neurovegetativo está basado en unos relojes que manejan otros relojes, que a su vez manejan otros relojes, y por ello ya se empieza a hablar de «patologías de los relojes internos».

Recientemente Czeisler ha demostrado que, además de la luz en sí, la radiación electromagnética producida por los cables de alta tensión y los aparatos eléctricos de uso doméstico también pueden alterar la secreción de neurotransmisores, provocando la aparición de una fibromialgia. «La sensibilidad del cerebro y su sistema operativo frente a este tipo de agresiones electromagnéticas es la clave para entender esta afección», al menos esto afirma Ross Adey, presidente del comité científico que ha elaborado el informe del Consejo Nacional para la protección frente a la fibromialgia en Estados Unidos, un estudio en el que han trabajado durante cinco años once expertos y que asegura que los tendidos eléctricos y las antenas de telefonía móvil pueden causar esta enfermedad. Sus conclusiones, publicadas en la revista *New Scientist*, explican cómo la exposición prolongada a radiaciones electromagnéticas, la mayoría de las veces en el seno del propio hogar, es fuente de numerosas alteraciones de los ritmos biológicos. Los datos del estudio recomiendan no exponerse a un campo magnético de más de 0,2 microteslas, índice muy bajo comparado con lo que generan los electrodomésticos de uso habitual, ya que una persona situada a treinta centímetros de una lavadora, una televisión o un microondas se expone a una radiación electromagnética que oscila entre 2 y 20 microteslas.

Desde los años setenta a la actualidad, la contaminación por radiación electromagnética en el medio ambiente ha aumentado 125 millones de veces, según las estimaciones realizadas por el Departamento de Física Aplicada de la Universidad de Valencia. Desde hace unos años no sólo han proliferado las antenas de telefonía móvil, sino que también hay que sumar las emisiones contaminantes de las emisoras de radio y televisión y los ordenadores. El aumento de esta contaminación ha coincidido con un incremento progresivo de los casos de fibromialgia.

En el dormitorio, donde pasamos un tercio de nuestra

vida, convivimos con radiaciones que a largo plazo influyen en nuestro estado de salud. El sueño es el momento de la regeneración y recuperación de las fuerzas, y durante ese lapso todas las funciones del cuerpo cambian y se vuelven cincuenta veces más sensibles a las influencias negativas externas. Sin embargo, durante el día también permanecemos expuestos a estos influjos negativos que deterioran nuestra salud y pueden provocarnos un «electroestrés».

Fuentes de contaminación electromagnética son los tubos de los rayos catódicos (pantalla de la televisión o del ordenador); aparatos eléctricos mal conectados a tierra; resistencias incandescentes como las de las estufas eléctricas; tubos y bombillas fluorescentes; mantas eléctricas enchufadas, aunque el interruptor esté en posición de apagado; aspiradoras y aparatos con motor, incluidos los relojes eléctricos y los secadores de pelo; los calentadores eléctricos; los teléfonos móviles; emisoras de radioaficionados; los hornos microondas. En contra de la creencia popular, los cables eléctricos exteriores y los transformadores no suelen contribuir tanto a elevar el campo electromagnético como el cableado interno del hogar. Este campo es también intenso en el automóvil en marcha, en especial cerca del suelo delantero; y en el interior de los aviones comerciales.

La contaminación electromagnética es la más sutil de las radiaciones a las que nos vemos expuestos. Invade nuestras casas, dormitorios y lugares de trabajo de manera rápida e inexorable. Normalmente, se produce mediante la creación de campos eléctricos y magnéticos en un espacio determinado, provenientes de un conductor que transporta una corriente.

Como ya se ha expuesto, los avances tecnológicos en electrónica y en los sistemas de comunicación (teléfono móvil, televisión, radares, electrodomésticos, ordenadores, microondas y radiofrecuencias para la producción de calor) hacen que las personas estén expuestas a este tipo de radiaciones. La interacción con los sistemas biológicos ocasiona cambios en sus estados energéticos, atómicos y moleculares. Sin duda, los campos electromagnéticos pueden desequilibrar el medio ambiente y la salud del individuo.

El doctor Jean-Pierre Nascil es conocido por tratar a enfermos de fibromialgia, esclerosis múltiple, reumatismo crónico, síndrome de fatiga crónica y otras enfermedades oficialmente consideradas como incurables. En su análisis parte del principio de que tales disfunciones son el resultado de una especie de electrocución lenta, progresiva, provocada por la contaminación electromagnética procedente de numerosos aparatos, máquinas y líneas de alta tensión que nos rodean.

También merece la pena mencionar el informe del doctor Cyril Smith, de la Universidad de Salford, Inglaterra, donde el mismo sostiene que los campos electromagnéticos estimulan en el organismo la secreción de endorfinas y analgésicos naturales de propiedades similares a la morfina. El problema radica en que este narcótico natural, al igual que los opiáceos artificiales, no sólo alivia el dolor sino que también provoca euforia y puede originar toxicomanía. Los efectos no se manifiestan al secretarse las endorfinas, pero el doctor Smith considera que cuando disminuye la tensión de las líneas o cuando la gente se muda a otra vivienda, pueden experimentar el síndrome de abstinencia similar al de la supresión de un narcótico. Al caer bruscamente la secreción de endorfinas aparece el cuadro fibromiálgico, con su dolor crónico generalizado, su estado de decaimiento del ánimo y la astenia o falta de fuerzas.

En un reciente número del *American Journal of Epidemiology* aparecen los resultados de un estudio epidemiológico de más de doscientas mil personas que trabajan con material eléctrico en el que se ha encontrado una «asociación estadística significativa» entre la exposición a campos electromagnéticos y la fibromialgia.

Aunque los autores aseguran que hacen falta más estudios para poder determinar que existe una relación causa-efecto, este estudio ha causado un gran impacto entre la comunidad científica que estudia dicho cuadro.

Un equipo de científicos españoles ha publicado asimismo en la revista *Electromagnetic Biology and Medicine,* que edita la Universidad de Oakland, un estudio que relaciona los síntomas que caracterizan la fibromialgia con la densidad de potencia de una estación eléctrica y con la radiación que llega a las viviendas y al lugar de trabajo. Tras analizar los datos, estos científicos han observado que los pacientes expuestos a una radiación diez veces superior presentan síntomas físicos y psíquicos mucho más acusados. Entre los efectos reconocidos figuran síntomas depresivos y asténicos, dificultad para conciliar el sueño y para concentrarse, vértigo, pérdida de memoria y de apetito, apatía física, irritabilidad, dolor de cabeza y de articulaciones, náuseas y sensación de disconfort.

Los pacientes que más se quejaban de dolores generalizados, fatiga y alteraciones del sueño fueron los que vivían más cerca de la antena, pero también eran los que más utilizaban el ordenador, según los investigadores.

Así, se recomienda a los enfermos de fibromialgia que adquieran un medidor de campos electromagnéticos para poder comprobar la presencia de puntos «calientes» en su casa o en el trabajo, y a continuación cambien de sitio los muebles, cunas o camas para reducir la exposición o corregir exposiciones muy prolongadas de aparatos muy contaminantes, y eviten las estufas eléctricas, los secadores de pelo, las mantas eléctricas, los relojes enchufados cerca de la cabecera de la cama, el uso de teléfonos móviles y la estancia prolongada frente a pantallas de televisión y ordenador.

Cómo diagnosticar la fibromialgia

El diagnóstico de fibromialgia se hace en base a las molestias que se han señalado en el capítulo anterior y a los datos que el médico encuentra al explorar al enfermo. El Colegio Americano de Reumatología (American College of Rheumatology) establece que en la exploración física de la persona que padece fibromialgia, el médico debe identificar dolor a la presión en 11 de 18 puntos sensibles determinados del cuerpo *(tender points)*, pero estos criterios en la actualidad son muy cuestionados por la mayoría de los especialistas, pues estos puntos no siempre están «activos» aunque exista la enfermedad, y en general hoy se admite que se puede establecer un diagnóstico de fibromialgia para cualquier persona con un dolor generalizado y crónico de más de tres meses de duración, una vez descartada la existencia de otras patologías.

Otra alteración que se encuentra en la exploración de una persona con fibromialgia es la mayor facilidad para el enrojecimiento de la piel al presionar con la mano en cualquier lugar del cuerpo. Este fenómeno de hiperreacción cutánea (dermorreacción positiva) es la consecuencia de pequeñas alteraciones en la regulación de los sistemas de riego sanguíneo de la piel.

En la actualidad se está investigando de forma exhaustiva en todo el mundo para encontrar otros métodos de diagnóstico. Ya hay algunos resultados prometedores con algunos tests, pero por el momento ninguno es de aplicación a corto plazo.

Los análisis de laboratorio y los exámenes radiológicos o de otro tipo (resonancia nuclear magnética, TAC, escáner, ecografías) dan resultados normales y sólo sirven para descartar otras enfermedades que se pueden asociar a la fibromialgia y confundirse con ella. Esto quiere decir que el diagnóstico se basa en la eliminación de otras causas parecidas para esos síntomas (diagnóstico de exclusión), por lo cual es imprescindible delimitar exactamente lo que queremos decir al aplicar el término.

ANTECEDENTES HISTÓRICOS DEL TÉRMINO «FIBROMIALGIA»

La palabra «fibromialgia» se emplea en la actualidad para designar estados y enfermedades tan diversos que ocasiona confusiones lamentables no tan sólo en el espíritu del público, sino también, lo que es más lamentable, en las consultas clínicas y en los libros médicos. Es un término muy cómodo para el facultativo que no se preocupa de hacer un diagnóstico preciso, o que prefiere disimular al enfermo y a su familia la naturaleza verdadera de los síntomas que presenta y evitar una etiqueta susceptible de ocasionarle algún perjuicio por su mala praxis. Fibromiálgicos pueden ser los depresivos con o sin ansiedad, los hipocondríacos, los obsesivos, los neurasténicos, los fóbicos. Por haber disimulado nuestra ignorancia y preservado a buen número de enfermos del diagnóstico verdadero durante años, la palabra fibromialgia en la actualidad ha venido a significarlo todo y, en consecuencia, no representa a veces nada. Y aquellos a los cuales estaría mejor aplicado el término se les sigue confundiendo injustamente con los diversos tipos de neurosis y depresión, y tienen por lo tanto sobrada razón de quejarse del mal uso o del abuso, según los casos, que se da al nombre de la enfermedad, lo que en último término determina un descrédito para el diagnóstico.

La fibromialgia o reumatismo muscular ha ido perdiendo poco a poco el sentido que le había dado Beard en 1868; quizá pueda reprocharse a dicho autor, que había descubierto el nombre y no el cuadro en sí, no haber precisado bastante los límites de la enfermedad y haber dejado en los flancos del edificio demasiado lugar para los anexos. La fibromialgia de Beard era más bien un síndrome que una enfermedad, síndrome quizá menos importante por sí mismo que por las asociaciones mórbidas que conllevaba y por la mentalidad del sujeto en el que se desarrollaba.

En 1870 Dupré y Camus designan como «cenestopatías» unos trastornos de la sensibilidad interna, «es decir, los trastornos de aquellas sensaciones que llegan incesantemente al cerebro desde todos los puntos del cuerpo y que, en estado normal, no se imponen a nuestra atención por ningún carácter particular en su intensidad». Estas alteraciones podían encontrarse en el curso de diversas afecciones mentales, donde adquirían intensidad variable según los casos; pero podían presentarse también de un modo aislado, sin que hubiese ningún trastorno mental, constituyendo las cenestopatías propiamente dichas. Más adelante, se confundirían con las *topoalgias* descritas por Blocq en 1891 y con las *hiperalgesias nerviosas* de Huchard (1893).

Estas sensaciones se localizaban en puntos diferentes: cabeza, tórax, piel, abdomen, todo un lado del cuerpo, cara, cuello, coxis, globos oculares, cavidad bucal, faringe, etc.; la cabeza y los miembros eran quizá las regiones dañadas con más frecuencia.

Dichas sensaciones no correspondían a ninguna zona de distribución nerviosa periférica, radicular o central, y se incrementaban por el tacto o la presión; según advirtieron Dupré y Camus, eran «más penosas que dolorosas» y difíciles de definir. Mientras los enfermos acusaban estas sensaciones, se quejaban a veces de sentir «menos» o de forma diferente las zonas en las que se localizaban estas sensaciones. «Éstas se sienten engrosadas, más pesadas, deformadas, la temperatura modificada, las funciones alteradas.»

Las cenestopatías eran tenaces y persistentes y daban lugar a reacciones que variaban según los individuos; en todo caso, un estado de ánimo claramente melancólico iba siempre asociado con ellas.

Desde principios del siglo XX se las distinguía de los dolores de los histéricos y los hipocondríacos, que eran fácilmente modificables por la terapéutica analgésica local o general y mejoraban en gran medida con la psicoterapia.

Los cenestópatas diferían de los hipocondríacos en que esperaban y deseaban curarse y consultaban con gran fe al médico, de quien aceptaban de buen grado todos los estímulos y remedios que éste podía ofrecerles. El problema es que las cenestopatías eran rebeldes en extremo a los tratamientos habituales. No ocurría lo mismo con el estado emocional alterado que las acompañaba, y que podía modificarse por ejemplo con una psicoterapia, aunque no de un modo constante, pues existían casos que no respondían tampoco a ésta. Existían algias o dolores con alternativas de atenuación y agravación; otras duraban casi indefinidamente. En todo caso, los buenos médicos tuvieron claro desde un principio que había que poner a tales enfermos en guardia contra el exceso de medicación y las intervenciones quirúrgicas, cuyos resultados eran nulos o nefastos.

En la actualidad, y después del recorrido histórico por los antecedentes del término, hemos de limitar la comprensión de la palabra fibromialgia a su sentido etimológico preciso: «dolor en los músculos, ligamentos y tendones» (partes fibrosas del cuerpo), mientras que el síndrome fibromiálgico es un término más amplio que abarca un conjunto de síntomas caracterizados por la presencia de dolor generalizado y puntos hipersensibles, asociados con una alteración de la percepción del dolor, agotamiento nervioso, patrones del sueño anormales, una reducción de la serotonina cerebral y anomalías de la microcirculación y del metabolismo energético del músculo.

Sólo después de haber definido este síndrome y trazado los límites que le separan de la hipocondría, de la neurosis, del histerismo, de la autosugestión, de las fobias, las obsesiones y las manías, se podrá establecer un diagnóstico claro y preciso de fibromialgia.

Elementos fundamentales del síndrome fibromiálgico

Si realmente en su principio la fibromialgia es una enfermedad reumática crónica caracterizada por dolor musculoesquelético generalizado y fatiga, una definición como ésta se basa más en la descripción que da el enfermo de sus sensaciones o de sus sentimientos que en un conjunto de síntomas accesibles a la observación por parte del médico. Debe aceptarse pues que se hace más el diagnóstico fiándose de la palabra del paciente que no a partir de su examen.

Este dolor general se deduce mucho más que se demuestra de las manifestaciones del enfermo, de sus interpretaciones, de sus comparaciones. El paciente acusa además casi siempre en sus más pequeños actos una sensación de fatiga penosa, irritante, casi obsesiva. Por esta razón, determinados autores definen siempre la fibromialgia como un dolor difuso acompañado de agotamiento nervioso. Antes de aceptar una concepción semejante es indispensable aclarar bien los argumentos aducidos para admitir la existencia real de un fenómeno tan esencialmente subjetivo.

Así como por lo general hemos de interrogar a los enfermos que nos llegan a la consulta acerca de la naturaleza de sus dolencias, el fibromiálgico se adelanta al médico; él mismo ha confeccionado ya su cuestionario y lo ha contestado, sin escatimar ni tiempo ni imaginación, tanto teme que en el curso de la consulta con el facultativo quede algún punto en la sombra, que se omita algún detalle de su sintomatología. Apenas después de entrar en el despacho del médico saca de su bolsillo sus notas y algunos folios sacados quizá de internet. Con este simple detalle el primer diagnóstico queda hecho; en efecto, el enfermo de los apuntes es un tipo muy particular, que reconocemos todos los profesionales familiarizados con la fibromialgia sin titubear. Para aquel que quiera leer entre líneas, subyace en esas anotaciones algo más que un análisis detallado de sus sufrimientos, y es ni más ni menos que su mentalidad. Comprenderla puede ayudarnos mucho a entender el síndrome fibromiálgico y establecer así el diagnóstico.

Dolor

El dolor de la fibromialgia se puede describir por quien lo padece como quemazón, molestia o desazón. A veces pueden presentarse espasmos musculares. Los puntos máximos de molestia suelen presentarse en las áreas del cuello, de los hombros y en la espalda; el dolor es generalmente profundo. El enfermo se queja de crujidos articulares, a los que concede gran importancia, y cree tener artrosis. Otras veces la molestia es superficial, y el contacto con la ropa y el agua fría o caliente la aumentan; se incrementa al estar de pie mucho rato o con la marcha. Los enfermos no se contentan con explicar sus sensaciones, sino que además las interpretan según el asiento del dolor, y así se creen afectados de lumbago, tortícolis, hernias discales, reumatismo, artritis, artrosis, ciática, etc.

El dolor está ligado en parte con la astenia o fatiga: las sensaciones son muy parecidas a las de cansancio de los miembros o bien a una sensación de agotamiento en todo el cuerpo. El dolor en el cuello y nuca provoca en gran número de fibromiálgicos dificultad para mover la cabeza o enderezarla hacia atrás: «mire doctor —dicen algunos—, yo no puedo ejecutar este movimiento», y simultáneamente intentan a costa de un gran esfuerzo levantar la cabeza o girarla, pero en otro momento, en el que su atención está distraída, ejecutarán esa misma maniobra sin ningún problema y casi sin darse cuenta, lo cual nos hace suponer que la impotencia osteomuscular es más aparente que real. El dolor está íntimamente ligado con la sensación de fatiga, con el temor de exacerbarlo con el ejercicio y con el movimiento, y también con la falsa sensación de impotencia funcional.

En resumen, cualquiera que sea localización de las sensaciones de dolor o fatiga, cualesquiera que sean los puntos máximos de astenia muscular, siempre nos referiremos a las impresiones y descripciones del enfermo, el cual se somete a una autoobservación, o más bien a una autovigilancia exhaustiva de su existencia, sus sensaciones y sus actos, que por otra parte constituye la única fuente de información acerca del cuadro de que disponemos.

En presencia del médico y en ciertas circunstancias, en ciertos momentos, realizar cualquier esfuerzo resulta imposible; pero en otros momentos, y sobre todo cuando la mente del enfermo está distraída, los mismos músculos que se han negado a obedecer a la voluntad se contraen con la más absoluta sumisión. El dolor y la fatiga no son pues un fenómeno permanente, sino en esencia variable en sus manifestaciones y en su intensidad: mientras alcanzan su grado máximo en los movimientos que exigen una intervención más efectiva de la voluntad, no se presentan en los movimientos espontáneos o automáticos.

El dolor no puede pues ser considerado como un fenómeno consecuencia de una lesión orgánica ni de un trastorno sobrevenido en la función de las articulaciones o de los músculos. Por razones idénticas, no es tampoco de origen nervioso, si se entiende por esta expresión un trastorno funcional de las neuronas o fibras nerviosas que accionan los músculos.

Astenia

Como ya se ha comentado, uno de los principales síntomas, aparte del dolor, es la astenia o falta de fuerzas: astenia nerviosa, astenia psíquica, astenia muscular. En las formas más graves, los enfermos se declaran incapaces de cualquier esfuerzo; tienen gran dificultad para levantarse por las mañanas, de mantenerse de pie para ducharse y asearse. La marcha les es muy penosa; se mueven con lentitud, el cuerpo doblado, arrastrando los pies y apoyándose en las personas o en los objetos cercanos. Apenas han dado algunos pasos tienen que sentarse. Algunos no pueden ni subir ni bajar escaleras. Los hay que no pueden abandonar la posición horizontal, el menor movimiento de cabeza les resulta insoportable y se la deben sostener constantemente. En este grado los movimientos aislados de un miembro les cuesta un esfuerzo enorme, hasta para darle la mano a un amigo o para coger un objeto cualquiera, la elevación del brazo es lenta y sin energía. Los hay que miden sus palabras y apenas si abren la boca para hablar.

En las formas menos severas, los enfermos acusan una fatiga más llevadera, aunque sus esfuerzos están limitados en el tiempo y en el espacio. Pueden aún dedicarse a sus ocupaciones habituales y ejercer su profesión, pero esto es todo lo que puede exigirse de ellos; más allá se muestran por completo incapaces de llevar a cabo otras actividades.

Entre las formas más graves y las más leves pueden observarse todos los grados intermedios.

La astenia muscular de los fibromiálgicos tiene características bastante especiales; no tiene nada que ver con la astenia que acompaña a las enfermedades orgánicas de los músculos y los nervios. Es más marcada por la mañana al despertarse y se atenúa al inicio de la tarde, para llegar a su mínimo por la noche. En esto difiere totalmente del patrón de la fatiga normal o fisiológica.

Esta astenia es bastante caprichosa y electiva en sus manifestaciones. Cierto fibromiálgico a lo mejor no puede ejecutar determinados movimientos y afrontar ciertos ejercicios relacionados con su trabajo, pero sí puede ejecutar movimientos más bruscos y complicados y entregarse a la práctica de su deporte favorito, que le exige más esfuerzo. Y aquella enferma que pretende no poder realizar las tareas domésticas ni andar, se encuentra bruscamente moviendo los brazos y las piernas al son de una música sin darse cuenta de ello. Estas conductas paradójicas no pasan inadvertidas a quienes los rodean, y les despiertan serias dudas respecto a la buena fe y a la sinceridad de los afectados, acusándolos a veces de ser enfermos imaginarios o simples simuladores; acusación que, en verdad, es totalmente injustificada.

Cuando interrogamos a los enfermos sobre las características de su astenia, la mayor parte nos contestan que están fatigados, agotados, que no tienen energía para nada; algunas veces nos declaran que les parece estar paralizados. Lo afirman empleando más o menos florituras lingüísticas, algunas veces con gran lujo de metáforas y de expresiones rebuscadas de las que no se sirven otros enfermos. Si se les pide, para poder apreciar el grado de conservación de su energía, que hagan un esfuerzo, que esbocen un movimiento, rechazan de manera categórica toda tentativa, declarando que les es imposible.

El sentimiento de impotencia, de fatiga, de agotamiento, va acompañado muy a menudo de sensaciones desagradables en los miembros. Los enfermos se declaran fatigados, exhaustos, como si hubiesen llevado a cabo grandes caminatas o ejecutado un trabajo superior a sus fuerzas.

En realidad, la fatiga no existe, porque no hay fatiga sin esfuerzo previo; existe en cambio una sensación de fatiga, que no es lo mismo. La fatiga o la astenia muscular no pueden ser verificadas, comprobadas por la observación o la experimentación, pues las pruebas electromiográficas, que miden la fuerza de contracción de los músculos, dan resultados completamente normales, lo cual tiende a establecer serias dudas sobre su realidad. No obstante, la sensación o el sentimiento de fatiga y la reducción de la capacidad de esfuerzo son dos puntos acerca de los cuales es imposible toda discusión con el enfermo, que se siente muy ofendido si se «duda» de sus afirmaciones, pero es preciso saberlos interpretar, y aún no se ha aclarado cuál puede ser el mecanismo íntimo que provoca esa sensación de astenia, sólo se han invocado grandes teorías vacías de sentido, tales como la disminución del potencial eléctrico en la fibra muscular. La explicación será más pertinente cuando hayan sido revisados los demás signos y síntomas de la fibromialgia y relacionados los unos con los otros.

Insomnio

La noche lleva consigo otras incomodidades, entre las cuales la principal es el insomnio. Algunos pacientes con fibromialgia logran conciliar el sueño sin dificultad, pero otros experimentan una gran dificultad para dormirse. En cualquier caso el sueño es irregular. De todas formas, ciertos fibromiálgicos duermen mucho más de lo que ellos se imaginan, pero creen haber dormido poco, porque se han despertado con frecuencia a lo largo de la noche y porque a la mañana siguiente no se sienten descansados, llegando a veces a sentirse más fatigados al despertarse. Es además frecuente que ciertos síntomas, especialmente el dolor, el cansancio muscular, la cefalea y la fatiga mental sean más acusados por la mañana que por la tarde. Esto se debe a que el sueño no es reparador ni profundo, pues es interrumpido con frecuencia por una actividad cerebral tipo alfa, que son las ondas cerebrales que se producen al despertarse o cuando se tienen pesadillas, con lo cual a la mañana siguiente se han incrementado los fenómenos del agotamiento nervioso debido a este sueño agitado y constantemente interrumpido.

Cefalea

Los dolores de cabeza o de cara son, junto con la astenia o la sensación de fatiga, uno de los síntomas más constantes de la fibromialgia. Esta cefalea no tiene ninguno de los caracteres de la jaqueca ni de la neuralgia del trigémino. Los enfermos emplean con frecuencia comparaciones para describirla; las siguientes son las más frecuentes: la sensación de peso o de tener un casco sobre la cabeza, un aro de hierro alrededor de la frente y la nuca, etc. La descripción suele reforzarse con una mímica descriptiva, con la cual el paciente señala con el índice los puntos máximos de dolor en la nuca y en la frente. Se exacerba bajo la influencia del esfuerzo, de la fatiga, de las emociones, de un movimiento brusco de la cabeza, de una luz muy viva; se atenúa en la posición horizontal, cuando la cabeza yace inmóvil y bien sostenida. En unos el dolor es principalmente profundo; en otros, es superficial, a flor de piel: el simple contacto del peine o del cepillo sobre el cuero cabelludo se vuelve intolerable. La cefalea es tenaz, y enerva mucho más por su persistencia que por su intensidad.

Trastornos gastrointestinales

Los trastornos digestivos están considerados por la mayoría de los especialistas como uno de los síntomas fundamentales de la enfermedad, aunque la experiencia clínica nos dice que a veces no se presentan. Cuando lo hacen, pueden acaparar de tal manera la atención del enfermo que la alteración estomacal o intestinal parece por sí sola constituir toda la enfermedad, y un gran número de autores la considera el signo principal.

El estómago es doloroso espontáneamente y a la presión; el dolor se incrementa después de las comidas. Las digestiones son lentas y pesadas (dispepsia) y se acompañan de sensaciones variadas y fenómenos diversos: tensión abdominal, hinchazón, flatulencias, taquicardia, cansancio y torpeza intelectual. Con frecuencia la lengua está blanca y espesa.

El estómago se vacía con menos facilidad de lo normal; en la radiografía de contraste se observa que su posición baja con frecuencia muy por debajo de los límites normales, y a la exploración podemos palparlo muy por debajo del ombligo. En una palabra, está dilatado y descolgado.

La dispepsia tiene a veces una influencia muy grande sobre el estado general. Para evitar los sufrimientos de la digestión y todos los malestares que la acompañan, los enfermos suelen reducir su régimen alimenticio, y lo hacen tanto más fácilmente cuanto que su apetito disminuye, y eso desde el principio de la enfermedad, con lo cual no es infrecuente que se produzca un marcado adelgazamiento. Cuando los dolores de estómago son demasiado intensos y la intolerancia a los alimentos muy pronunciada, los vómitos vienen a complicar el cuadro clínico.

El estreñimiento es la regla; la diarrea es más rara, salvo en los casos en que existe simultáneamente un síndrome del intestino irritable, que no representa más que una complicación o una asociación mórbida. En este caso hay estreñimiento alternado con diarreas, dolor abdominal, gases y náuseas.

Los trastornos gástricos y los trastornos intestinales se achacan en general a la atonía gastrointestinal, atonía del sistema muscular liso del tubo digestivo que concuerda con la astenia del sistema muscular estriado del resto del organismo. En una palabra, la atonía sería general, afecta a la vez a la esfera física y a la psíquica: atonía muscular para unos, nerviosa para otros.

Los trastornos dispépticos pueden revestir distintas formas. A veces se trata sólo de falta de apetito: es un hecho corriente que las personas inquietas, preocupadas o disgustadas coman con poco apetito, e inversamente, la alegría y el bienestar lo aumentan de una manera considerable. He podido observar pacientes con fibromialgia que no sólo pierden el apetito, sino que experimentan una verdadera repugnancia hacia los alimentos. Hay sujetos especialmente predispuestos en los que las emociones se traducen por vómitos frecuentes y repetidos.

También sabemos que la digestión se altera con facilidad bajo el influjo del estrés emocional, así que en la fibromialgia resulta clara la causa de los habituales trastornos dispépticos, pues es un estado en el cual siempre se halla exaltada y alterada la emotividad. En algunos enfermos la dispepsia adquiere grandes proporciones y sobresale entre el resto de la sintomatología.

Cuando los trastornos dispépticos alcanzan cierta intensidad y se unen a una emotividad exaltada, pueden ser el origen de fobias en forma de preocupaciones obsesivas. Estos enfermos temen comer demasiado; temen no digerir bien los alimentos; cuidan todo lo que ingieren con una atención extrema; llevan un estricto régimen que cumplen de forma escrupulosa, cuidando los detalles más mínimos en relación a las horas de las comidas y a la elección y cantidad de los alimentos; la comida o la digestión, o sencillamente la idea de una u otra, hacen reaparecer la sintomatología. Hay que aclarar que este estricto régimen de comidas no suele haber sido prescrito por ningún médico, sino que es invención del propio paciente.

En algunos enfermos la gastropatía se encuentra sólo bajo la forma de fobia u obsesión; en otros, se ha convertido ya en idea fija, y llega un momento en que ya ni siquiera intentan atenuar sus efectos, pues están plenamente convencidos de que padecen una grave enfermedad del estómago, y presentan todos los síntomas necesarios para creer en la veracidad de esta idea. El apetito ha desaparecido casi por completo, la lengua es saburral, con una capa blanca y espesa en su superficie, la ingestión de los alimentos es penosa y provoca dolor seguido de eructos, ardor o pirosis y a veces regurgitaciones, que en algunos enfermos terminan en vómito. El dolor de estómago persiste casi de manera indefinida en el intervalo entre comidas y durante las digestiones. El estado general es malo, el color de la cara se vuelve amarillento, el adelgazamiento puede ser extremo. La mayor parte sufren también problemas de intestino, en especial del colon, y presentan diarreas más o menos profusas que acentúan aún más el malestar abdominal y la debilidad, y confirman las ideas del enfermo de que padece «algo malo», una grave úlcera o quizás incluso un cáncer.

La endoscopia, exámenes radiográficos y la colonoscopia demuestran la ausencia de cualquier patología orgánica, pero esto no basta para convencer al enfermo, que se sigue sintiendo muy mal y sospecha lo peor.

Como ya se ha comentado, las sensaciones de malestar intestinal se asocian con frecuencia a las gástricas, y entonces los enfermos se quejan de todo el tubo digestivo, aunque en algunos casos la molestia intestinal se presenta como manifestación aislada. En estos casos también se observan fobias, obsesiones e ideas fijas. Las complicaciones suelen revestir la forma de estreñimiento extremo o diarrea, que pueden ir alternando a lo largo del tiempo, llegando a un síndrome de intestino irritable, colon irritable o enteritis mucomembranosa, en la que aparecen mezcladas con las heces mucosidad y falsas membranas.

El síndrome de intestino irritable es más frecuente y acentuado en cuanto los enfermos se preocupan más de él, y los efectos del estrés emocional se pueden traducir también en estreñimiento o en despeños diarreicos. A veces el estreñimiento alcanza tal intensidad que desemboca en una coprostasis o retención intensa de heces, y el enfermo pasa a ser un verdadero enterópata, porque, cualquiera que sea el origen de la coprostasis, al final siempre tiene las mismas consecuencias patológicas: hemorroides, dificultad de la circulación sanguínea, fermentaciones intestinales, complicaciones hepáticas, etc. A consecuencia de todo ello se produce una alteración real en el tubo digestivo y en sus anexos, aunque no exista una patología localizada en un punto concreto del tracto digestivo, como puede ser una úlcera o un cáncer, que es una de las preocupaciones más corrientes de esta clase de enfermos. A consecuencia de estos trastornos y de la disminución de la cantidad de alimentos ingerida, los enfermos pueden presentar un aspecto muy desmejorado que justifica su inquietud, así como la de las personas que les rodean, y que puede llegar a engañar al médico. Sólo después de un minucioso interrogatorio y de una exploración profunda, con todas las pruebas necesarias, se puede rectificar el criterio primitivo y descartar la existencia de una patología orgánica.

Los inconvenientes del colon irritable son aún mucho

más importantes cuando se complica con un espasmo doloroso y una enterocolitis mucomembranosa. Ésta no es de origen fibromiálgico, pero es muy frecuente en esta clase de enfermos; se exacerba con emociones negativas repetidas y prolongadas y con toda clase de alteraciones nerviosas. Centrada la atención en el intestino, pronto aparecen los temores y las fobias, que, sea por autosugestión, sea por aumento de las reacciones vagales, contribuyen a sostener las alteraciones funcionales; al prolongarse éstas y mediante los tratornos secundarios que producen, dan lugar, tarde o temprano, a una patología intestinal o enteropatía real que ya debe ser tratada como tal.

Trastornos genitourinarios

Raras veces son los más conspicuos, en especial al principio de la enfermedad, pero en una fase más adelantada pueden llegar a dominar la escena. Es una ley que se aplica a todos los signos y síntomas de la fibromialgia: confundidos en el conjunto de la sintomatología durante un período más o menos largo, son susceptibles, en un momento dado, de imponerse al resto del cortejo sintomático y de imprimir a la enfermedad un carácter especial, de ahí las diversas formas de fibromialgia.

Los trastornos del aparato genital son más frecuentes y se hacen notar más en el hombre que en la mujer. Por lo general, la falta de excitabilidad sexual se manifiesta desde el principio, aunque algunas veces se ve precedida por una fase de hiperexcitabilidad. Sea en una o en otra forma, las funciones genitales se ven muy rápidamente alteradas, la erección es con frecuencia incompleta, la eyaculación precede a la introducción del pene (eyaculación precoz). Otros enfermos vienen a consultarnos por las poluciones nocturnas que se repiten casi todas las noches y son causa de un enorme agotamiento por la mañana. El deseo sexual va disminuyendo a medida que avanza la enfermedad y la impotencia sexual acaba por ser completa.

En la mujer la fibromialgia suele provocar una marcada disminución del deseo sexual, una imposibilidad de alcanzar el orgasmo y algunas veces ocasiona una repugnancia completa hacia el coito o cualquier tipo de acto sexual.

Los trastornos urinarios se dan con menor frecuencia, pero cuando se presentan son susceptibles de alcanzar una gran intensidad, obligando al paciente a orinar con gran frecuencia (micción frecuente o polaquiuria), ocasionándole molestias e incontinencia. Este deseo aumentado de orinar es a sus ojos un indicio irrefutable de una enfermedad de las vías urinarias, lo cual aumenta su emotividad y sugestionabilidad, y la idea de la enfermedad se fija más aún.

Como ya se ha comentado, de todos los trastornos de la micción, la polaquiuria suele ser el más frecuente, sobre todo en el varón; por lo común, se produce porque al estar preocupado de continuo el enfermo por su aparato urinario, se acuerda con más frecuencia de la micción, esforzándose en orinar, porque le ha parecido que el chorro era insuficiente o deformado, o que el final de la micción ha sido más lento que otras veces. Estos fenómenos pueden deberse a un estrechamiento de la uretra o a una hipertrofia de la próstata, cuadros que debemos descartar, aunque en la fibromialgia no se da nada de esto; la sola idea de la micción es lo que despierta el frecuente deseo de orinar, y así resulta que las micciones son cada vez más frecuentes, pues la obsesión acerca de la micción aumenta el poder excitorreflejo de la vejiga.

No es la distensión vesical debida a que la vejiga está llena de orina lo que origina la contracción muscular y las ganas de orinar, sino la voluntad que en estos casos la sustituye: éste es el verdadero origen de estas polaquiurias.

Si la micción es irregular, y después de terminada, algunas gotas mojan la ropa interior o los pantalones del paciente, aumentan los temores y las aprensiones.

La polaquiuria origina a veces imperiosos deseos de vaciar la vejiga que no pueden a veces ser inmediatamente satisfechos; si en estas circunstancias se escapan algunas gotas de orina, muchas veces queda con ello instituida una incontinencia fibromiálgica, con la apariencia de una cistitis.

En algunos sujetos muy impresionables la polaquiuria da lugar a estados obsesivos y angustiosos, y el final de la micción puede incluso coincidir con una ansiedad extremadamente dolorosa. De ordinario es diurna, y aparece a la vista de un servicio o urinario, de personas que orinan, etc. Los enfermos sufren estados angustiosos cada vez más intensos y se imaginan hallarse afectados de una grave enfermedad de la vejiga o de las vías urinarias, lo que agrava todo el cortejo de síntomas que acompañan a la fibromialgia.

Cuando los fenómenos dolorosos se suman a la polaquiuria, no es excepcional que se fijen en un punto bajo la forma de dolor intenso de vejiga; de hecho estas algias vesicales son muy frecuentes. Los dolores suelen deberse a un espasmo de la uretra y a una sensibilidad exagerada del esfínter de la vejiga, sensibilidad que puede ser debida a la emotividad y a la atención exageradas fijadas en la uretra, así como a un estrés emocional cuyos efectos se dejan sentir desde el primer momento en esta región. Así como existen en la fibromialgia emociones que paralizan brazos y piernas, de la misma manera las hay que pueden actuar sobre la vejiga o la uretra. El espasmo hace imposible o dificulta la micción: la orina sale filiforme, en un hilillo, y varias gotas se escapan cuando la micción ha terminado. A veces el espasmo aparece con intermitencias y con sacudidas, originando la salida irregular del líquido. De forma simultánea, el enfermo experimenta pesadez en el bajo vientre o en la entrepierna, sensación de frío en la cara interna de los muslos, y si estos enfermos han sufrido antes alguna afección urinaria, surge la idea de un estrechamiento de la uretra o de un problema de próstata. Estos enfermos consultan constantemente a los nefrólogos y especialistas en vías urinarias, con mayor afán cuanta más importancia concedan a su supuesta enfermedad vesical.

En la mujer, los trastornos urinarios de origen fibromiálgico se observan con menos frecuencia que en el hombre. La incontinencia que algunas pacientes presentan al reír, cuando la vejiga está llena, puede dar origen a preocupaciones emotivas y complejos. He tenido ocasión de tratar a enfermas que restringen en grado sumo su vida social por temor a esta incontinencia. Cierta paciente estaba tan preocupada que llegó a tener micciones involuntarias tan abundantes que mojaban su ropa por completo; esta incontinencia era de origen puramente psicológico, pues todas la pruebas uretrales y vesicales dieron resultados normales.

Las micciones frecuentes se caracterizan además por ir acompañadas de una sensación de angustia. Por otro lado, esta frecuencia de la micción no significa un aumento de la secreción urinaria por parte del riñón; es más un trastorno excretorio que secretorio, y la función renal es perfectamente normal.

La poliuria, o aumento de la cantidad de orina eliminada por el organismo, se produce en un gran número de individuos bajo la influencia de un estrés emocional; pero para que subsista, es necesario que el enfermo beba más líquido de lo normal (polidipsia). Cualquiera que sea el origen, la poliuria es susceptible de convertirse, como toda anomalía, en causa de preocupación y obsesión: la poliuria produce la polidipsia, y la polidipsia a su vez engendra la poliuria, de manera que los enfermos entran en un verdadero círculo vicioso.

En resumen, para los falsos enfermos del aparato urinario, al igual que para los falsos enfermos del aparato gastrointestinal, pueden admitirse relaciones de índole variable entre los trastornos físicos y la fibromialgia. En sujetos con una enfermedad latente benigna del aparato urinario, los trastornos, sostenidos por la emotividad y la sugestión, adquieren el carácter de fobias y obsesiones, y desempeñan un papel importantísimo en la formación del síndrome fibromiálgico, que suele ir también acompañado de manifestaciones genitales.

Las repercusiones genitales y sexuales de la fibromialgia son las que escapan con más frecuencia a las investigaciones del médico, pues son las que el enfermo disimula y encubre con mayor interés, porque, más que otras, están relacionadas con el amor propio y hacen referencia a los actos más íntimos.

En el hombre es muy frecuente que, después de un período más o menos largo, la fibromialgia adquiera una forma genital. Antes se ha señalado que la fibromialgia entibia de ordinario la respuesta sexual, que es cada vez más rara, y cuando por excepción se da, nunca es con la energía anterior a la enfermedad. La erección es incompleta, o la eyaculación demasiado rápida (eyaculación precoz) y no se alcanza el orgasmo; fracasos que al impresionar la imaginación y permanecer en forma de recuerdos desagradables, provocan que el enfermo no se atreva a hacer nuevas tentativas u obra en lo sucesivo con timidez y se siente acomplejado. Se suele reproducir la impotencia, lo que aumenta la inquietud del enfermo y le origina dudas acerca de su virilidad, destruyendo algunas veces por completo todas sus ilusiones, porque la impotencia es más de una vez la causa principal de sus preocupaciones y de su incertidumbre. En algunos enfermos estos trastornos ocupan sólo un lugar secundario, mientras que en otros dominan la escena por completo. El decaimiento de la virilidad o la impotencia pasan a ser la única idea del paciente, y aparecen la fobia y la obsesión. Por otro lado, cuanto más piensa el enfermo en sus trastornos más se agravan éstos, siguiendo la regla común a todas las manifestaciones de la fibromialgia.

En la mujer, las relaciones de la fibromialgia con las perturbaciones de la vida sexual se reducen por lo común a una disminución del deseo y de la capacidad orgásmica. Existen fibromiálgicas que pasan a ser «falsas enfermas genitales», porque en el curso de alguna consulta médica se ha llamado su atención hacia el aparato genital, al interrogarlas indebidamente acerca de la regla, concediendo una importancia desmesurada a su irregularidad o a un flujo insignificante; y se han hecho demasiadas exploraciones ginecológicas y ecografías. Al hacer aparecer así el temor a una enfermedad grave (fobias genitales) las enfermas atribuyen una importancia de primer orden a esta causa para explicar la persistencia de su fatiga y de su falta de energía, y la fibromialgia se orienta hacia este sentido.

Así aparecen dolores que, según los casos, pueden fijarse en la vagina o en las fosas ilíacas («dolor de ovarios» en palabras de la enferma), y allí es donde convergen todas las fatigas y repercuten todas las emociones, constituyéndose las algias genitales, que acarrean el temor a padecer una enfermedad grave del útero o de los ovarios.

La fibromialgia de localización genital tiene múltiples y variadas causas, pero conducen todas al mismo resultado: la ausencia de placer sexual. Los problemas más frecuentes son el vaginismo y los coitos incompletos. El vaginismo o contracción de la vagina que hace imposible la penetración, es consecuencia de dolores vaginales y del temor de la enferma de ver recrudecerse sus dolores con nuevas relaciones sexuales; de origen emotivo, es a su vez origen de intenso estrés emocional, y altera de manera notable la vida de pareja de la enferma.

Vértigos

Muchos fibromiálgicos se quejan de vértigos, término que abarca sensaciones muy diversas para cada enfermo. Es raro que el vértigo asociado a la fibromialgia se parezca al vértigo vestibular, por alteración del órgano del equilibrio del oído interno, que conlleva la sensación de rotación y mareo. En el síndrome fibromiálgico se trata de una percepción que con frecuencia los enfermos encuentran muy difícil de definir. En algunos el vértigo es una especie de angustia en el pecho con sensación de mareo y de desfallecimiento en las piernas, vista nublada, palidez de la cara e intenso desequilibrio que puede ocasionar una caída.

Trastornos circulatorios

Son muy frecuentes y consisten en palpitaciones cardíacas, arritmias, taquicardias, enrojecimiento o palidez de la cara, así como de los pies y manos. La transpiración es muy intensa.

En general, la fibromialgia engendra trastornos y preocupaciones cardíacas, y el enfermo cultiva enseguida una gran obsesión en este sentido. La frecuencia y la forma de las reacciones cardíacas varían mucho según los pacientes. En unos ataca la velocidad del latido del corazón, en otros la fuerza y el ritmo. La taquicardia (ritmo acelerado) y la bradicardia (ritmo lentificado) de origen emotivo son extremadamente frecuentes: una aceleración momentánea de los latidos es seguida a veces por una ralentización, a la que a su vez sucede un nuevo período de aceleración. Estas arritmias cadenciales o aloarritmias se incluyen entre las arritmias fisiológicas de origen respiratorio, y parece lógico considerar que si figuran con tanta frecuencia entre las reacciones emotivas de los fibromiálgicos es porque el ritmo respiratorio puede a su vez ser alterado por el estrés emocional. No sólo los latidos pueden ser precipitados, sino que a veces aumentan de intensidad, y al ser percibidos por el paciente producen una sensación angustiosa: son las palpitaciones.

Las reacciones cardíacas más intensas son las producidas por las emociones intensas, los shocks emocionales. En algunos pacientes de fibromialgia el estrés emocional puede llegar a producir un síncope, y éste tiene tendencia a reproducirse cada vez que aparece una emoción viva. Las emociones, preocupaciones y disgustos cuya causa se prolongue, por recuerdos penosos y aun por sueños y pesadillas, pueden mantener las modificaciones de ritmo, fuerza y velocidad de los latidos cardíacos. Razones todas que explican claramente por qué los trastornos cardíacos son tan frecuentes en el curso de las fibromialgias en las que el estrés emocional mantenido es el factor etiológico principal.

En un momento dado y por un mecanismo siempre análogo, el enfermo empieza a preocuparse por el funcionamiento de su corazón: se toma el pulso y aplica la mano en la región precordial, escuchando sus latidos en la almohada durante la noche. Si comprueba una aceleración transitoria o una falta de pulsación, se preocupa y se considera enfermo de una grave afección cardíaca. Repite indefinidamente sus exploraciones y consulta infinidad de médicos. La emoción sostenida por el temor agrava más los fenómenos o bien da lugar a la aparición de otros nuevos, aunque los electrocardiogramas no revelan ninguna alteración. He aquí al enfermo de fibromialgia en un nuevo círculo vicioso, del que no saldrá sino el día que se convenza de que no sufre ninguna enfermedad de corazón y que no va a darle ningún infarto.

Con frecuencia, la obsesión cardíaca se instala desde el primer momento en los sujetos especialmente predispuestos, y es la principal causante de las preocupaciones y del síndrome fibromiálgico. A veces las reacciones emotivas sólo tienen una repercusión insignificante en el aparato circulatorio, pero he observado también casos en los cuales las reacciones cardíacas son intensísimas, bien sean directas o indirectas (por mediación de trastornos digestivos), y las perturbaciones funcionales complican la situación. Los temores se fijan en la patología cardíaca por distintas razones: la existencia de afecciones cardíacas en los padres, muerte súbita de algún hermano por un infarto, soplos funcionales o una palabra imprudente del médico. Podría citar distintos ejemplos observados en mi experiencia profesional que demuestran la variedad de las causas ocasionales: algunos son víctimas de la fibromialgia de asiento circulatorio porque en una revisión les hablaron de «un soplo», o de una arritmia, pero el motivo puede ser aún más insignificante: pequeños trastornos varicosos, mala circulación, sensaciones de vértigo, etc.

Entre las afecciones cardíacas, la que más preocupa a los fibromiálgicos es la angina de pecho y el infarto de miocardio, y el falso ataque cardíaco es precisamente una reacción emotiva muy frecuente entre estos pacientes.

Las perturbaciones funcionales del corazón que se dan en la fibromialgia obedecen a veces a un origen distinto. Cuando la distensión gaseosa del estómago, tan frecuente en este cuadro, comprime el diafragma y la base del corazón, o produce una vasoconstricción de los vasos del pulmón, dificulta las contracciones de ambos. Ésta es la explicación de ciertas taquicardias y arritmias que aparecen en los fibromiálgicos, y que ya se conocen desde hace tiempo.

Entre las manifestaciones vasculares de la fibromialgia, provocadas por emociones lentas y prolongadas, se encuentran la vasodilatación, el rubor, o bien la vasoconstricción y la palidez del semblante y las extremidades, así como los sudores locales o generalizados. Por el contrario, existen fibromiálgicos en los que el estrés emocional produce pocas perturbaciones circulatorias, pero que así y todo tienen la obsesión de padecer enfermedades vasculares, y achacan sus síntomas a que padecen arteriosclerosis, mala circulación, insuficiencia venosa, etc.

Trastornos respiratorios

Comprenden todas las irritaciones locales de este aparato, desde la mucosa nasal hasta la bronquial, que pueden convertirse al coincidir con el estrés emocional en causa de preocupación y agravamiento de la fibromialgia, con dificultad respiratoria agravada por la emoción y sensaciones de ahogo penoso y de no poder respirar «hasta el fondo», respiración irregular, etc.

Las localizaciones de la fibromialgia en el aparato respiratorio son múltiples y variadas: mucosa nasal, laringe, cuerdas vocales o pulmones; alcanzan tanto el carácter de obsesión como el de trastornos funcionales.

La fobia al frío, la fobia a las corrientes de aire, la fobia al sudor, en una palabra, las fobias a todos los fenómenos que pueden tener una repercusión en las enfermedades de las vías respiratorias, son habituales en estos enfermos. Protegen incesantemente la nariz con un pañuelo, se abrigan de forma exagerada el cuello, o se ponen muchas prendas de ropa para prevenir los efectos del frío. Con el tiempo, sus fobias se transforman en manías; los hay que hablan en voz baja para no fatigar sus cuerdas vocales, llegando hasta la afonía; otros no se atreven a realizar una inspiración profunda por temor a neuralgias intratorácicas; algunos, por el contrario, se obsesionan con la idea de no poder respirar adecuadamente y se esfuerzan hasta el extremo de aparentar una falsa asma. Los que tienen la idea de rinitis o coriza se suenan sin cesar, provocando la irritación de la mucosa nasal y originando catarros duraderos y la pérdida del olfato; los hay que experimentan cierta dificultad bronquial y creen en la necesidad de expectorar, de aquí la manía de escupir de muchos. Ya sean manías o consecuencia inmediata del estrés emocional, a veces varios de estos fenómenos se dan en un mismo individuo, y pueden aparentar en los primeros momentos una enfermedad real del aparato respiratorio, cuadro que el especialista se encarga de descartar. De todas formas, en la mayoría de los casos estos síntomas sólo se instalan en un terreno especial, en sujetos predispuestos, y no afectan a todos los pacientes con fibromialgia.

CARACTERÍSTICAS PSICOLÓGICAS DE LA FIBROMIALGIA

El aspecto psicológico es en los fibromiálgicos equivalente al físico, es decir, siempre sufren depresión. Se encuentra en el dominio intelectual la misma astenia que el campo físico.

Actividad. El trabajo intelectual resulta penoso, difícil, imposible: el esfuerzo sostenido causa rápidamente fatiga. El fibromiálgico pasa de una actividad a otra por hastío, ya sea por falta de energía, ya sea de forma intencionada, con el fin de evitar el cansancio.

Si por su profesión se ven obligados a desempeñar regularmente un determinado trabajo, lo hacen por necesidad, y su energía intelectual no se distingue de la que disfrutaban en otro tiempo más que por su intermitencia. Sin embargo, cuando no dependen más que de ellos mismos, y no tienen ninguna obligación, descuidan poco a poco todo lo que exige la menor actividad. Llegan así a olvidar insensiblemente sus deberes para con la sociedad, la familia y hasta cierto punto consigo mismos.

Voluntad. Los pacientes pierden en primer lugar la iniciativa, después la decisión: rehúsan tomar una determinación, no sólo la que exige una cooperación personal, sino también la que comporta una simple coordinación de ideas. No logran mantener la atención; se dispersan con facilidad y pasan de un asunto a otro, pero casi siempre acaban por limitarse a un estrecho campo de interés. Entonces se centran en aspectos personales, ligados íntimamente a la idea de su enfermedad. De esta manera se desintegra poco a poco la voluntad del enfermo, que se despoja en primer lugar de sus capacidades más elevadas, como la iniciativa, para perder después las más esenciales, como la decisión o la atención. Cuando esta disgregación de la volición ha alcanzado este grado, los fibromiálgicos aplazan de manera indefinida los asuntos más urgentes, y no se deciden hasta que se ven entre la espada y la pared. En el último grado, se desinteresan de todo lo que les rodea, ni siquiera escuchan, y con mucha mayor razón ni siquiera se preocupan de mantener una conversación: pretenden no poder concentrarse, no poder organizar sus ideas; alegan que han perdido la memoria.

Inteligencia. A pesar de todo lo anterior, la memoria no está alterada. Los pretendidos trastornos que acusan estos enfermos sólo derivan de la debilidad de su atención, de la pereza de su actividad mental. Se dan cuenta de ello más tarde, cuando han salido de la crisis de la enfermedad. Los recuerdos de los acontecimientos, de los hechos anteriores a la enfermedad, se conservan intactos, sin ningún tipo de amnesia. Por lo que se refiere a lo que sucede durante el curso de la fibromialgia, la mente hace una selección: sólo aquellos acontecimientos que son rigurosamente personales y están ligados a la idea de la enfermedad quedan bien grabados, lo demás se borra con gran facilidad.

La inteligencia en sí misma tampoco está alterada: su lucidez es perfecta, a veces por desgracia, demasiado perfecta. Las facultades de comprensión están intactas. Por el contrario, el juicio está falseado, no con relación a los demás, sino con relación a sí mismos: su capacidad de autoenjuiciamiento está parcial y sistemáticamente trastornada. Estos errores de juicio son sólo aparentes y no resultan de un trastorno profundo de discernimiento, sino de percepciones falsas acerca de sí mismos. La memoria funciona bien, pero no se puede decir lo mismo de la atención, pues si bien esta facultad se mantiene intacta, en cambio su aplicación está monopolizada por todos los actos, los hechos y las sensaciones que atañen al propio individuo.

Los fibromiálgicos están tristes, hastiados, inquietos; los sufrimientos físicos, su impotencia para contrarrestarlos, su incapacidad, no son extraños a la aparición de su descorazonamiento, pero sufren mucho más a causa de las características de su personalidad que por sus achaques físicos. Experimentan dentro de sí mismos ciertas sensaciones indefinibles que no pueden expresar. Todo lo que en ellos acontece es sensible y es percibido; en este sentido, tienen una conciencia exagerada de sí mismos, de su persona. A veces, aunque sensibles a las penas y padecimientos de los que les rodean, permanecen indiferentes ante la alegría ajena. Son de ordinario susceptibles e irritables.

En efecto, los fibromiálgicos se aíslan poco a poco del mundo exterior, y se concentran cada vez más en su propio yo; llega un momento en que no ven nada fuera de ellos mismos, pues están constantemente mirando dentro de sí.

Este continuo replegamiento interior desarrolla en grado sumo la autoobservación, el autoanálisis. El enfermo estudia en los más pequeños detalles sus sensaciones, sus ideas. Adquieren una importancia y proporciones que no tienen; si bien ven en sí mismos, lo hacen con cristales de aumento, con lupa. El aumento exagerado deforma las imágenes, que se convierten enseguida en ideas falsas, en interpretaciones fantásticas, porque la imaginación del fibromiálgico aún es capaz de exaltarse dentro del dominio de la propia personalidad, como lo demuestran sus palabras, sus gestos. Y no es ésta una de las menores paradojas de la enfermedad. Por un lado, los fibromiálgicos son dados a la precisión, la volubilidad, la riqueza de expresiones o de imágenes que prodigan en la exposición de sus padecimientos mentales y físicos: y cada uno pone en ellas un sello, de originalidad propia, en el que se refleja la formación profesional, la educación, las lecturas, en una palabra, todos los recursos de su observación e imaginación. Mientras que, por otro lado, permanecen sordos y mudos para todo lo que es ajeno a su enfermedad. El enfermo presenta hiperestesia (sensibilidad interna exagerada) y obsesión por sí mismo.

Afectividad. Lo mismo puede decirse de la afectividad, que se ve alterada por las preocupaciones personales. Los acontecimientos más trágicos no les conmueven mientras no tengan repercusión directa sobre ellos mismos o su enfermedad.

El yo está siempre presente, de una manera más o menos ostensible; los sentimientos y sensaciones personales se hallan considerablemente hipertrofiados. Existe una exaltación de la sensibilidad psíquica que encuentra su origen natural en una exaltación de las representaciones individuales a nivel mental e indirectamente en una exaltación de las sensaciones en las que se formaron estas representaciones, en especial las sensaciones viscerales: en este sentido, los pacientes se presentan como los clásicos cenestópatas que ya comentamos en relación a las teorías del siglo XIX.

Hay que aclarar que los fibromiálgicos no son en absoluto responsables de esta especie de egoísmo psíquico; muchas veces se trata de estados constitucionales o son consecuencia de la alteración de los neurotransmisores cerebrales, que modulan el carácter y el estado de ánimo, y no pueden evitar sentir como sienten.

Emotividad. La esfera afectiva sufre tanto como la física; las menores contrariedades, los más pequeños disgustos, adquieren proporciones gigantescas y provocan reacciones emocionales desproporcionadas. Esta exaltación de la emotividad, siempre es en relación al enfermo; emotividad y sugestionabilidad se potencian la una a la otra y siempre en el mismo sentido. Y así resulta que sin oídos ni ojos más que para su propio ser, los fibromiálgicos caen en la más completa indiferencia respecto a los demás. No hablan de otras personas más que para compararse con ellas y envidiarlas, principalmente por su buena salud; sólo ellos son dignos de lástima, y las enfermedades ajenas más terribles no representan nada en relación a la suya. Todos sus sentimientos convergen hacia su persona; se encierran en un egoísmo patológico. A pesar de todo, imploran el auxilio de la medicina, predispuestos siempre a aceptar cualquier medicación nueva y cualquier innovación terapéutica; lo que demuestra una vez más que a pesar de sus afirmaciones no ha desaparecido por completo la esperanza de curación. De todas formas, esta hipocondría fibromiálgica pocas veces es tan tenaz y obsesiva como la verdadera hipocondría neurótica, pues en la fibromialgia predomina más la obsesión de padecer una enfermedad incurable.

De las consideraciones anteriores se deduce la extrema complejidad del estado mental y psicológico que acompaña a la fibromialgia; el principal signo intelectual de la astenia es la disminución o la abolición de la voluntad (abulia), aunque nunca se da aislada. Muchas veces se complica con un egoísmo exagerado y enfermizo, disminución de la atención, exaltación de la emotividad y de la sugestionabilidad. La abulia puede variar de intensidad según los casos, pero es un signo; como la astenia muscular, con frecuencia es muy paradójica: en un momento de olvido o de distracción puede desaparecer por completo, para manifestarse al instante siguiente. Siempre va acompañada de un estado de sufrimiento emocional intenso. Las otras alteraciones psicológicas pueden presentarse o no y difieren bastante de un paciente a otro, porque reflejan las múltiples influencias de la propia predisposición o de la individualidad (emotividad, egoísmo) o de los agentes exteriores (sugestionabilidad).

Tratamiento de la fibromialgia

Para la medicina oficial, no existe ninguna cura para la fibromialgia, lo único que se intenta es aliviar algo los síntomas para conseguir una mejoría en la calidad de vida del paciente. El tratamiento incluye distintos enfoques, que tienen que aplicarse a la vez.

Los pasos a seguir para el correcto tratamiento de la fibromialgia son: el diagnóstico firme, la explicación de la naturaleza de la enfermedad, la educación para evitar los factores agravantes (como los campos electromagnéticos), el tratamiento de las alteraciones psicológicas asociadas, el cambio de actitud y de comportamiento, el ejercicio físico moderado, el tratamiento con medidas locales como infiltraciones y masajes, una dieta adecuada y el uso de analgésicos y otros medicamentos que aumenten la tolerancia al dolor.

Respecto del diagnóstico firme, saber que se tiene esta enfermedad ahorrará una peregrinación en busca de diagnósticos o tratamientos, reducirá la ansiedad que produce encontrarse mal sin saber por qué y ayudará a fijar objetivos concretos.

En cuanto a la naturaleza de la enfermedad, hay que aclarar que la fibromialgia es una enfermedad crónica, cuyos síntomas pueden oscilar en severidad a lo largo del tiempo, y que no tiene nada que ver con el cáncer ni con la artrosis, no destruye las articulaciones ni ocasiona lesiones irreversibles ni deformidades. Lo principal es evitar los factores que agravan los síntomas. Si se adoptan posturas forzadas y poco naturales, se fuerzan las inserciones de los músculos, que se vuelven dolorosas. Por este motivo habrá que cuidar los asientos en el trabajo o en el hogar. También conviene evitar levantar o sostener pesos para los que la musculatura de la persona no está preparada.

El impacto que la fibromialgia puede tener sobre las actividades habituales del paciente, incluyendo la capacidad de trabajar, es muy variable dependiendo de cada persona. En general se recomienda que el paciente procure continuar con sus actividades habituales con la mayor normalidad posible, y si trabaja que continúe haciéndolo.

No obstante, con frecuencia se deben reducir las actividades diarias. Algunos autores consideran que la incapacidad en la fibromialgia está infravalorada por los médicos y que puede tener una importancia similar a la presentada por la artritis reumatoide.

La obesidad es un factor de sobrecarga musculotendinosa, por lo que se recomienda la pérdida de peso en las personas obesas con fibromialgia. La ansiedad y la depresión no son la causa de la fibromialgia, pero cuando se asocian a esta enfermedad hacen su tratamiento más difícil; por este motivo es fundamental detectar la presencia de estos problemas y tratarlos con la colaboración de un psicólogo.

Hay que adecuar el comportamiento al padecimiento de esta enfermedad. No basta con tomarse los medicamentos que prescribe el médico. Una actitud positiva ante los problemas de cada día es fundamental. Uno de los elementos clave de la fibromialgia es saber que la excesiva preocupación por uno mismo y por los pequeños conflictos de la vida cotidiana está en la raíz de la enfermedad. Debe intentarse un cambio de mentalidad tanto en el enfermo como en los que le rodean, procurando un ambiente familiar relajado, libre de tensiones emocionales y exigencias constantes. Es conveniente marcarse objetivos diarios que se puedan cumplir (ir a comprar a tal sitio, no dejar de hacer aquello que se había previsto, intentar no dar a los pequeños problemas de cada día más importancia de la que tienen...).

El ejercicio físico moderado y conseguir una adecuada fortaleza muscular son dos medidas muy eficaces en el tratamiento de la fibromialgia. Es evidente que el ejercicio por encima de la capacidad física del paciente empeora el dolor, lo que invita a abandonarlo. Por eso esta fortaleza muscular se ha de conseguir poco a poco. Pasear o nadar en una piscina climatizada servirá para iniciar el entrenamiento físico.

Después, es mejor el ejercicio en grupo en gimnasios o centros de rehabilitación, pero cualquiera vale siempre que no dañe las articulaciones. Los masajes, los tratamientos quiroprácticos, la acupuntura, los ejercicios de estiramiento muscular y el calor local, pueden ser eficaces de forma secundaria (el calor local nunca deberá proceder de almohadillas eléctricas, pues generan un gran campo electromagnético).

Las inyecciones locales de los puntos dolorosos con anestésicos locales, sobre todo si luego se siguen de un masaje local, alivian los dolores localizados intensos, aunque su efecto es breve.

Los calmantes o analgésicos, como el paracetamol, también pueden ayudar de forma puntual. La mayoría de los enfermos con fibromialgia los toman, pero su eficacia es parcial y nunca deben ser el único tratamiento.

Otros tratamientos están dirigidos a mejorar la calidad del sueño y a mejorar el estado de ánimo. Como el sueño profundo es tan importante para muchas funciones del cuerpo humano (tales como la reparación de tejidos y es probable que la regulación de neurotransmisores y hormonas), se cree que las alteraciones del sueño, tan frecuentes en sujetos con fibromialgia, son un factor importante en los síntomas de la enfermedad. Por ello se prescriben medicamentos que actúan aumentando los niveles de serotonina, un neurotransmisor modulador del sueño y del dolor. No obstante, la mayoría de los antidepresivos sintéticos tienen muchas contraindicaciones y efectos secundarios para el organismo, y a veces el paciente puede encontrarse aún peor después de tomarlos.

Los pacientes de fibromialgia están descubriendo que pueden aliviar sus dolores con terapias como el yoga, el taichi, el manejo del estrés por medio de técnicas de relajación y control mental, el asesoramiento dietético y la acupuntura. El apoyo emocional de la familia y amistades es muy importante para aliviar los síntomas inquietantes que padece el paciente. La familia debe animar al fibromiálgico a hacer los cambios necesarios en su estilo de vida, evitando que se acerque demasiado a los electrodomésticos, eliminando los teléfonos móviles de su entorno, disminuyendo las horas frente al ordenador, etc. Aquellos que tengan dificultades para convivir con el síndrome fibromiálgico deben buscar ayuda profesional de un buen psicoterapeuta, preferiblemente de la escuela psicoanalítica o junguiana (los conductistas no son recomendables en absoluto).

El futuro respecto del tratamiento de esta enfermedad es esperanzador, ya que las investigaciones sobre fibromialgia están progresando con rapidez. Son en especial relevantes los avances en el conocimiento de los mecanismos físicos y químicos que se producen en nuestro cuerpo en respuesta a estímulos externos como el estrés.

A continuación, paso a exponer una serie de terapias que, aunque prácticamente desconocidas aún en nuestro país, hace ya algún tiempo que son utilizadas para tratar la fibromialgia en otros países con unos resultados excelentes. La pregunta es: ¿tienen realmente acceso algunos privilegiados a nuevas y misteriosas sustancias? ¿Será verdad que ciertas investigaciones están sobre la pista para vencer la fibromialgia? La respuesta es que sí: existen realmente tratamientos muy eficaces para combatir todos los síntomas del síndrome fibromiálgico y, lo más importante, sin ningún tipo de efectos secundarios sobre el resto del organismo. Lo más sorprendente es que muchas de estas terapias no son nuevas, ni misteriosas, ni siquiera caras. Algunas se conocen desde hace años y las podemos comprar en cualquier farmacia, pero a su alrededor, y por motivos políticos y económicos, se ha fraguado toda una conspiración de silencio que hace que el profesional de la medicina las desconozca casi por completo. Entre otras, una de las razones es su bajo coste y que son sustancias naturales que no se pueden patentar, y por lo tanto, no resultan rentables para las grandes multinacionales farmacéuticas. Por otro lado, muchas de estas sustancias han sido descubiertas por científicos europeos, rusos o japoneses y, eso es algo que el cerrado mundo científico anglosajón no puede aceptar ni permitir; por desgracia en medicina, vivimos bajo el imperio de las patentes estadounidenses.

Espero que, tras leer lo que voy a exponer a continuación, los enfermos de fibromialgia de nuestro país adquieran nuevos elementos de juicio para opinar acerca de estos interesantes productos, y decidir si quieren incorporarlos a su tratamiento. De todas formas, debo advertir que el propósito de este libro es sólo el de informar al lector sobre los progresos de la medicina en el conocimiento y tratamiento de la fibromialgia. Para obtener un diagnóstico y un tratamiento adecuados es necesario consultar con un médico. La información que incluyo en este libro tiene por objeto ayudarle a obtener un mejor conocimiento sobre los tratamientos posibles para su enfermedad, pero bajo ninguna circunstancia pretendo que se automedique. Lo mejor es que consulte con su médico antes de iniciar cualquiera de las terapias que propongo, y si éste no se muestra receptivo, cambie de profesional hasta encontrar un facultativo que le ayude. Si desea contactar conmigo puede escribirme a la siguiente dirección de correo electrónico:

pagomsa@hotmail.com

Terapia celular, opoterapia y organoterapia

La terapia celular, esto es, la revitalización de todo el organismo por medio de la inyección o ingestión de células procedentes fundamentalmente de la placenta y embriones de animales (sobre todo cerdo y cordero), ha sido y sigue siendo uno de los tratamientos más polémicos surgidos en el siglo XX.

No obstante, desde su descubrimiento por el legendario especialista suizo, el doctor Niehans, hace más de sesenta años, millones de personas en todo el mundo han recibido la terapia celular sin presentar ningún tipo de efecto negativo. Niehans en persona trató en el curso de su vida a más de cuarenta mil pacientes, y en ningún caso se detectaron efectos secundarios como consecuencia de la inyección o ingestión de placenta o tejidos embrionarios animales.

Las principales autoridades mundiales sobre el tema siguen siendo médicos europeos, en especial suizos y alemanes, y esto hace que la comunidad científica anglosajona sienta un enorme recelo respecto a este tipo de terapias. Alemania cuenta en la actualidad con los más importantes laboratorios productores de estas células, situados en Heidelberg, en plena Selva Negra, donde se extraen, se tratan y se congelan en seco las células, las cuales, una vez liofilizadas, son enviadas a las más prestigiosas clínicas de todo el mundo.

Pero ¿en qué consiste en realidad la terapia celular? Simplificando se puede decir que es la inyección (intramuscular, subcutánea o incluso intravenosa) en el cuerpo humano de cientos de miles de células, así como de diminutas porciones de tejido embrionario, que también puede ser ingerido por vía oral. En el mercado farmacéutico español suelen presentarse en forma de ampollas bebibles.

El aspecto más polémico de la terapia celular, la razón fundamental de que el tratamiento no acabe por ser aceptado por la medicina tradicional, reside en la manera en que las células llegan a los órganos específicos correspondientes dentro del cuerpo humano.

Uno de los discípulos actuales del doctor Niehans, el doctor Joachim Stein, un científico alemán que ha dedicado la mayor parte de su actividad profesional al estudio de la terapia celular y que goza de una justa fama como autoridad mundial en la materia, la describe así: «El cuerpo humano está formado por una comunidad de unos 15.000 billones de células; en un milímetro cúbico de sangre, es decir, en un volumen no superior a una cabeza de alfiler, hay aproximadamente 4,5 millones de glóbulos rojos. Ahora bien, cada célula de nuestro cuerpo constituye una unidad viva y completa. Se calcula que, en el interior de nuestro organismo, mueren cada segundo unos cincuenta millones de estas células, que han de ser reemplazadas por otras tantas».

No obstante, cuando se padece fibromialgia, disminuye la cantidad y calidad de dicha reparación constante, y las células que a duras penas pueden reemplazar en número a las que van muriendo son además más imperfectas, de peor calidad. La terapia celular, por tanto, resulta de especial utilidad en el tratamiento de este cuadro.

Cada una de nuestras células consume su propio contenido proteico, el cual vuelve a elaborar en un proceso constante. Las proteínas desechadas pasan a la sangre en forma de aminoácidos, los cuales son eliminados en la orina y las heces. Así, en un período de cien días, cualquiera de los músculos de nuestro organismo renueva todas las células que lo componen.

Es decir, que al mismo tiempo que los órganos se van desgastando, se vuelven a formar a base de tejido nuevo. Ahora bien, si alguno de estos órganos está dañado, las nuevas células que los conformen van a presentar las mismas imperfecciones que las precedentes. En este sentido las células procedentes de embriones están vírgenes, todavía intactas, y gracias a la terapia celular cualquier órgano o tejido dañado recibe un aporte de células nuevas con la suficiente vitalidad como para volver a reparar satisfactoriamente el órgano correspondiente. Y es que, aunque sean de origen animal, en realidad las células embrionarias de todos los mamíferos son muy parecidas.

Cuando estas células son introducidas en el cuerpo humano, cada una de ellas es absorbida por un fagocito, un glóbulo blanco de la sangre que posee la capacidad de digerir partículas extrañas. Los fagocitos descomponen las proteínas de las células embrionarias absorbidas al disolverlas con sus enzimas, y transportan las sustancias resultantes al órgano correspondiente. Esta materia prima así aportada resulta esencial para la restauración de las células de cada órgano del cuerpo.

Este tratamiento está dando resultados muy buenos en algunos enfermos con fibromialgia. No obstante, el doctor Stein, vicepresidente de la Sociedad Internacional para la Investigación sobre la Terapia Celular, se muestra cauto en cuanto a los resultados, pues el tratamiento no es eficaz en el cien por cien de los casos. Así, de un total de varios miles de pacientes, el porcentaje de resultados moderados o discretos es de un 25 % En el resto no se ha advertido ningún cambio manifiesto en sus síntomas o en su estado general.

Otra alternativa muy interesante en el caso de la fibromialgia es la opoterapia, técnica que consiste en utilizar hormonas aisladas de las glándulas y extractos de órganos. También podemos encontrar en nuestras farmacias estos preparados, por ejemplo extractos de órganos, sobre todo de hígado de cerdo, el cual tiene al parecer efectos muy positivos en algunos casos de fibromialgia, y es muy utilizado en Japón y en otros países de Asia.

En Estados Unidos hace actualmente furor un preparado denominado Vascusan, a base de concentrado de timo, concentrado de bazo, extracto de glándula adrenal, vitaminas y minerales. El *Vascusan*, que está registrado y aprobado por la FDA (Food and Drug Administration: Administración de Drogas y Alimentos de Estados Unidos), se anuncia como un suplemento alimenticio que puede adquirirse sin receta tanto en las farmacias como en las tiendas de dietética, y al parecer está dando buenos resultados en los enfermos de fibromialgia, aumentando la vitalidad general del organismo. Se presenta en botes de 300 pastillas que hay que tomar a razón de diez al día, repartidas en tres tomas, durante varios meses. En España pueden conseguirse por encargo en las herboristerías.

Muchos científicos opinan que la disminución de la función del timo (una glándula de gran tamaño situada detrás del esternón) es uno de los determinantes del inicio de la fibromialgia. El fallo tanto del timo como de la glándula pineal causa una disminución de nuestra capacidad para controlar el estrés y los ataques externos, con lo cual todos los órganos resultan afectados, disminuye nuestra capacidad mental y física y se produce un marcado deterioro de nuestro estado general.

Un tratamiento para la fibromialgia sería la inyección de una ampolla de timo a la semana, y tomar diariamente algún producto que contenga extracto de embrión o de placenta. La mayoría de las personas que han seguido este tratamiento aseguran sentirse mucho mejor y con más vitalidad después de haber recibido dos o tres inyecciones, aunque el efecto total no suele notarse hasta los dos o tres meses de terapia. En las farmacias españolas podemos adquirir Timo-estimulina, un preparado procedente de timo bovino que se expende en forma de ampollas inyectables por vía intramuscular.

La organoterapia, que es la administración de un órgano muy diluido, fue utilizada por primera vez a comienzos del siglo XIX por un veterinario de Leipzig llamado Lux, cuyas teorías trasladó al campo de la terapéutica humana el médico homeópata Hering, basándose en un principio que denominó «isopatía», que enunció como «Los iguales curan a los iguales» *(similia similibus curantur)*, que trasladándolo a la organoterapia se traduce como «El órgano actúa sobre su órgano homólogo para corregir el funcionamiento perturbado de éste». Las diferencias respecto a la opoterapia son las siguientes:

1. La opoterapia no se prepara con el órgano en su totalidad, para evitar la posibilidad de que aparezcan fenó-

menos de rechazo alérgicos, sino con extractos desalbuminados. La organoterapia, por el contrario, se prepara con el órgano entero, puesto que al utilizarse en proporciones muy diluidas se anula el riesgo de respuestas alérgicas o de rechazo tisular.

2. La opoterapia se caracteriza por tener una acción terapéutica sustitutiva, esto es, constituye en esencia un aporte cuantitativo externo para paliar la disfunción de un órgano. La organoterapia, por el contrario, no busca obtener sólo un efecto paliativo o compensatorio, sino que actúa directamente sobre la glándula o el tejido enfermo o alterado, restableciendo su función.

La mayoría de los laboratorios homeopáticos en todo el mundo tienen productos de organoterapia, y su materia prima, procedente en la mayor parte de los casos del cerdo, abarca casi todos los órganos y tejidos del organismo. Se suele presentar en forma de ampollas bebibles que han de tomarse a razón de una diaria en ayunas, aunque en ciertos casos de fibromialgia con sintomatología dolorosa, conviene aumentar la dosis a dos o tres tomas diarias. Frecuentemente se asocian varios organoterápicos, y así en la fibromialgia conviene asociar cartílago, tejido conjuntivo, ligamentos, fibra muscular y articulaciones, para luchar contra el dolor, alternando también con embrión total y placenta para lograr una disminución de la fatiga y una mejora del estado general. Si existe síndrome de intestino irritable se puede asociar mucosa del colon, o mucosa urinaria para paliar los trastornos de la vejiga urinaria.

En cualquier caso, como vemos, hay tratamientos que

abarcan de forma bastante global el síndrome fibromiálgico, y todo ello sin ningún tipo de efecto secundario.

Los resultados de todos los tratamientos citados hablan por sí mismos al poco tiempo, y son aún mejores si se toma la precaución de someter al organismo a una cura depurativa y desintoxicante antes de iniciar la terapia, pues el exceso de toxinas en sangre perturba y debilita el funcionamiento de los órganos y del sistema inmunitario, y disminuye así en gran parte la respuesta al tratamiento.

LA MISTERIOSA KH3

Lo que expondré a continuación es la historia de una sustancia, la procaína, descubierta en 1905 y comercializada desde entonces como anestésico local con el nombre de Novocaína.

Usada durante más de cincuenta años por casi todos los dentistas del mundo debido a su carencia de toxicidad como anestésico y a su buena compatibilidad tisular (sólo una de cada cinco mil personas presenta algún tipo de reacción adversa al producto), la procaína fue ya objeto de investigación por parte del eminente doctor Leriche durante la década de 1930.

Este científico intuyó que este preparado, además de su acción anestésica local, ejercía una acción más amplia sobre el sistema nervioso central e incluso sobre la casi totalidad de los tejidos corporales.

En diversos artículos publicados en las más prestigiosas revistas científicas de la época, el doctor Leriche expuso su opinión de que las inyecciones de procaína podrían ser de gran utilidad en las personas aquejadas de cenestopatías, que era como en aquella época se denominaba a la fibromialgia. Partiendo de la base de que la cenestopatía y las alteraciones asociadas a ella eran consecuencia de la acción dañina ejercida sobre el organismo humano por causas externas como el estrés, la contaminación ambiental, la mala alimentación, la ingestión de tóxicos, etc., este investigador creyó ver algo en la forma de actuar de la procaína que le hizo concebir esperanzas de que esta sustancia podría llegar a reparar por completo el daño causado en los diferentes tejidos corporales de los cenestópatas por el medio ambiente y el estrés emocional.

Entre 1930 y 1950 se publicaron más de doscientos estudios acerca de este tema por científicos de todo el mundo, en los cuales se ponían de manifiesto los beneficiosos efectos de la procaína no sólo sobre el dolor y la fatiga del cenestópata, sino también sobre las alteraciones del sueño y digestivas, neuralgias, rigidez de las articulaciones, etc.

Sería la internista rumana Ana Aslan quien finalmente se situaría en la vanguardia mundial acerca de las investigaciones sobre la procaína, puesto que conservaría durante décadas no sin grandes esfuerzos.

A principios de los años cuarenta, la doctora Aslan se enteró, leyendo el *Journal of Physiology*, que se había descubierto una enzima en el organismo humano llamada monoaminooxidasa (MAO), que mostraba unos niveles mucho más elevados en aquellas personas aquejadas de cenestopatías que en las personas sanas de su misma edad.

Con estos datos y empleando cientos de cobayas, la doctora Aslan se dedicó durante años a realizar múltiples experimentos para ver si era posible reducir de alguna forma los niveles de MAO en el organismo. Tras utilizar diversas sustancias, descubrió que las inyecciones de procaína podían reducir la MAO hasta en un 85 % en los animales.

Posteriormente, la doctora Aslan se decidió a emplear su tratamiento en un paciente que había ingresado en el hospital aquejado de dolores generalizados en todo el cuerpo que le impedían caminar. Tras ofrecerse como voluntario para el ensayo, el hombre experimentó una notable mejoría al cabo de una semana, y a las dos semanas fue dado de alta. El único inconveniente era que el producto debía seguir siendo inyectado de forma indefinida, pues al parar su administración los beneficiosos efectos desaparecían al poco tiempo y el paciente volvía a su estado de postración inicial.

La doctora Aslan denominó a su tratamiento Gerovital H3 y entre 1941 y 1951 lo administró a numerosos pacientes rumanos de diferentes edades. Durante los siguientes veinte años cientos de personas venidas de todo el mundo recibirían sus inyecciones a base de procaína, de las cuales casi un 30 % logró una espectacular mejoría de sus síntomas y una mayor calidad de vida.

Al cabo de los años, si se examinan los resultados de las pruebas fisiológicas y las reacciones de los pacientes, los resultados son sorprendentes. Algunos enfermos, que apenas podían caminar debido a los dolores generalizados, se encontraron con que sus músculos y articulaciones perdían la rigidez y se movían de nuevo con facilidad, sin ningún dolor. En otros se normalizó la sensación de fatiga, y también manifestaron notables mejoras en el estado de ánimo y los trastornos del sueño. El Gerovital H3 era capaz de mejorar el estado físico y mental de estos enfermos sin causar efectos secundarios de ningún tipo.

De creer a la doctora Aslan, no hay duda de que su descubrimiento merecía acaparar el máximo interés y admiración por parte del resto de la profesión médica de todo el mundo, máxime cuando el preparado no sólo parecía capaz de contrarrestar los daños físicos producidos por la cenestopatía, sino que además ejercía un marcado efecto antidepresivo y producía una gran sensación de bienestar físico y psíquico en los pacientes.

Sin embargo, el resultado fue el contrario: no sólo fueron muy pocos los médicos que se decidieron a probar esta nueva terapia, sino que además, desde un principio, el Gerovital H3 desató una intensa polémica en el seno de la comunidad científica internacional, especialmente en la estadounidense, que no dudó en calificar todo el asunto como un fraude.

La principal razón de esta actitud pareció deberse al hecho de que los investigadores anglosajones suelen mostrarse por norma muy escépticos y despectivos frente a cualquier descubrimiento que no provenga de sus propias filas, y en segundo lugar, influyó el hecho de que la nueva terapia no sólo había sido desarrollada por una mujer, sino que además procedía de un país de la esfera comunista, en plena guerra fría entre Estados Unidos y la URSS.

Así, la Administración de Drogas y Alimentos de los Estados Unidos (FDA) le declaró la guerra al Gerovital por motivos puramente políticos, y llegó a prohibir terminantemente cualquier investigación o publicación sobre el producto en todo el territorio de Estados Unidos, prohibición que se mantuvo en vigor hasta 1971.

Ante esta actitud y por miedo a las represalias, pocos miembros de la comunidad científica internacional se atrevieron a respaldar a la doctora Aslan. En el Reino Unido, algunos investigadores, como Fee y Clark, Berryman, Hirsch o Isaacs, publicaron a lo largo de los años sesenta algunos artículos en el *British Medical Journal* apoyando el uso sistémico de la procaína para mejorar las condiciones de vida de las personas con fibromialgia.

En Alemania sólo el doctor Paul Luth, del Hospital Municipal de Offenbach-Main, prosiguió las investigaciones con la procaína, inyectándola durante años a un amplio grupo de pacientes aquejados de fibromialgia, que presentaban los síntomas asociados característicos, tales como fatiga, rigidez, dolores de cabeza, trastornos digestivos y de vejiga, y un tono vital bastante disminuido.

Tras administrarles procaína diariamente durante un extenso período de tiempo, el doctor Luth observó cómo se iban produciendo drásticos cambios tanto en su aspecto externo como en su estado general de salud y su comportamiento. A los cuatro meses de terapia el doctor Luth anotó que muchos pacientes comenzaban a disfrutar de un sueño más profundo y reparador, en especial aquellos que se habían quejado de insomnio antes de comenzar el tratamiento. A los seis meses, el doctor Luth constató que la mayoría de los individuos tratados decían encontrarse mejor, mostraban un renovado interés por la vida, un incremento de la memoria y una desaparición casi total de sus problemas físicos, y habían desaparecido asimismo los dolores crónicos de cabeza y los problemas digestivos. Los enfermos mostraban una regresión total de sus síntomas, su estado psicológico había mejorado considerablemente y se sentían más vitales y seguros de sí mismos.

Todo esto no hacía más que confirmar los hallazgos anteriores de la doctora Aslan, quien, sin embargo, continuó teniendo grandes problemas incluso dentro de su propio país. Y es que, aunque la procaína había sido autorizada de manera oficial en Rumanía para su venta en farmacias, las actividades de la doctora Aslan comenzaron a ser observadas con gran desconfianza por parte del Gobierno comunista, que las consideraba poco ajustadas al espíritu socialista, llegando a acusarse a la científica de descuidar a los pacientes de su propio país para dedicarse a atender a los numerosos extranjeros que, procedentes del otro lado del telón de acero, viajaban a Rumanía en busca del milagroso tratamiento.

La realidad es que, junto con la terapia celular de Niehans, el Gerovital de la doctora Aslan constituyó durante varias décadas la innovación terapéutica más importante, y también la más polémica, en la lucha contra la fibromialgia. Si ambos doctores, en lugar de suizo y rumana, respectivamente, hubieran sido norteamericanos, sus experimentos habrían tenido una aceptación casi unánime, pero por las circunstancias ya expuestas no fue así.

A pesar de la incomprensión y hostilidad que siempre la rodearon, la doctora Aslan continuó con sus investigaciones, anotando, comprobando y documentando cada uno de sus resultados con una minuciosidad extraordinaria, reuniendo incontables pruebas y ensayos clínicos que, así y todo, a duras penas consiguió ver publicados en las revistas científicas occidentales.

No obstante, el tiempo le ha ido dando la razón, y en la actualidad diversos preparados a base de procaína se expenden en casi todos los países desarrollados (excepto en España, por razones inexplicables), donde se fabrica con licencia oficial y conforme a la fórmula Aslan, o bien en versiones similares, como el Gero Vita GH3, que se vende en Estados Unidos en las tiendas de dietética, o el KH3, que se comercializa en las farmacias europeas.

Según mantenía la doctora Aslan, estas imitaciones no tienen los mismos efectos que su fórmula original, pero los fabricantes de KH3 aseguran que son idénticos, y de hecho las pruebas realizadas por un gran número de científicos así lo confirman.

El doctor Joseph Hrachovac, de la Universidad de California, fue uno de los primeros en realizar un estudio a doble ciego para comprobar si tanto la fórmula original de la doctora Aslan, el Gerovital H3, como el KH3 vendido en las farmacias europeas, reducían por igual los niveles de MAO en los pacientes con fibromialgia, y comprobó que, en efecto, ambos los disminuían en casi un 85 %.

También el doctor Arnold Abrams, de la Facultad de Medicina de Chicago, ha llevado durante años exhaustivos estudios a doble ciego con el GH3 y el KH3, y ha obtenido resultados positivos en ambos casos. Cuando la FDA, tras una prohibición de casi treinta años, dio vía libre en 1971 para poder investigar y publicar sobre el Gerovital, los científicos estadounidenses se apresuraron a comunicar, en su mayoría, los excelentes resultados obtenidos con el preparado. Así, aunque algunos como Kent y Zwerling han denunciado que se trata de un simple placebo, otros como el doctor William Zung, investigador y profesor en la Universidad de Duke, y su ayudante el doctor H. S. Wang, no han dudado en informar, en la última reunión anual de la Sociedad Americana de Enfermos de Fibromialgia, que en un estudio a doble ciego con el Gerovital habían obtenido una espectacular mejoría en el estado físico y mental de los pacientes.

Asimismo, el doctor Keith Ditman, director médico del Instituto Médico de San Diego, y el doctor Sidney Cohen, profesor en la Universidad de Los Ángeles, han presentado un informe conjunto ante la Asamblea General de la Asociación Médica Americana informando que el 89 % de sus pacientes con fibromialgia tratados con procaína habían mejorado sustancialmente. Ambos doctores hacían hincapié en que el Gerovital provocaba en todos los casos una sensación de bienestar y relajación durante el día, mejoraba el ritmo de sueño por las noches y eliminaba además los dolores crónicos y generalizados.

En Alemania, el doctor Fritz Wiederman ha tratado a más de mil pacientes tanto con KH3 como con el Gerovital original, afirmando que en ambos casos los resultados eran espectaculares y ocurrían con la misma celeridad. Uno de sus casos más famosos fue el de una mujer de sesenta y siete años que acudió a su consulta aquejada de una fibromialgia generalizada y una profunda depresión psíquica, que la habían sumido desde hacía años en un estado de gran postración.

Tras serle administrada la procaína por vía oral durante

un mes, la paciente comenzó a recuperarse psicológicamente, y a los tres meses de tratamiento su rigidez en los músculos y articulaciones mejoró de forma notable. Los dolores y molestias desaparecieron por completo.

Como la procaína actúa de manera fisiológica y no como un estimulante, por lo cual carece por completo de contraindicaciones. En palabras de la doctora Aslan, «si se está tenso, la procaína relaja, y si se está decaído, reanima». El doctor Pelton, un prestigioso miembro de la Asociación Médica Americana y de la Academia de Ciencias de Nueva York, ha probado durante años el KH3 en miles de pacientes y en él mismo, llegando a comparar la procaína con un conmutador que «repara en el organismo cualquier función que esté alterada; cada miligramo representa 240 milivoltios de energía vital».

Por otro lado, ha quedado ampliamente demostrado que las cápsulas de KH3 producen un efecto muy similar a las inyecciones de Gerovital, con la ventaja de que el KH3 resulta mucho más económico y fácil de ingerir. El problema es que en España este medicamento no se comercializa, y tenemos que comprarlo en Andorra, aunque la mayoría de las farmacias andorranas mandan el KH3 por correo sin ningún problema.

En la actualidad un gran número de inhibidores de la MAO, los denominados IMAO, se utilizan como antidepresivos y para subir los niveles de serotonina en los enfermos de fibromialgia, pero su precio es muy elevado y sus consecuencias a largo plazo sobre el organismo resultan fatales. El KH3 ha demostrado, sin embargo, ser uno de los mejores y más potentes productos para conseguir una disminución de los niveles de MAO y el consiguiente aumento de la serotonina sin contraindicaciones. Los IMAO a la venta hoy en el mercado tienen efectos secundarios tales como daños hepáticos y renales, hipertensión, dolores de cabeza, cambios de personalidad, y pueden causar que el paciente de fibromialgia se levante aún peor por las mañanas, como si le hubieran dado una paliza. Sólo oscuros intereses económicos pueden estar detrás de esta preferencia por el empleo de productos más caros y nocivos, que eso sí, son de patente estadounidense en todos los casos.

Mi consejo es que consulten con algún médico familiarizado con la procaína y que supervise un tratamiento con KH3. Hay que advertir que este tratamiento hay que tomarlo de forma continuada si queremos mantener sus efectos, aunque el producto es totalmente inocuo y no puede producir intoxicación alguna ni aun en el caso de que nos excedamos con la dosis. De hecho, muchos pacientes en todo el mundo han tomado este producto durante años y hasta ahora no se ha registrado ningún tipo de efecto secundario o perjudicial, ni a corto ni a largo plazo.

EL ÁCIDO PARA-AMINO-BENZOICO

Como ya ha quedado expuesto, el principal ingrediente del KH3 y del Gerovital es la procaína, la cual puede ser sintetizada en el laboratorio a partir de dos sustancias de naturaleza vitamínica ampliamente presentes en la naturaleza: el *ácido para-amino-benzoico*, también denominado con las siglas PABA, y el *dietil-amino-etanol*, conocido con las siglas DMAE.

El PABA es un derivado del ácido benzoico, que si bien se conoce desde hace años por ser un producto aislado con frecuencia en multitud de cultivos bacterianos, no fue considerado como una vitamina hasta hace relativamente poco tiempo, cuando se descubrió que en realidad es unos de los integrantes del complejo vitamínico B, y se presenta siempre en la naturaleza de forma conjugada con el ácido fólico, sustancia esencial para la formación de los glóbulos rojos de la sangre y uno de los factores antianémicos más importantes.

El PABA es un compuesto amarillento, soluble en agua, muy abundante en el hígado de todos los animales y en la levadura de cerveza. Durante muchos años no se conoció su función metabólica específica dentro del organismo humano, pero poco a poco se ha ido descubriendo que, además de formar parte del complejo B, interviene en el metabolismo de las proteínas y contribuye con el ácido fólico a la formación de las células sanguíneas.

El ácido para-amino-benzoico también ayuda a mantener una piel y un pelo saludables, así como unas glándulas y unos intestinos en óptimas condiciones de funcionamiento. Asimismo, parece desempeñar un importante papel en la defensa frente a varias enfermedades infecciosas, pues inhibe la proliferación de determinados microorganismos patógenos en el intestino.

Sus funciones corporales más importantes en el caso de la fibromialgia son:

- Interviene en la cadena de reacciones que producen los metabolitos que disminuyen la sensación de dolor.

- Previene la sensación de fatiga. Un déficit de PABA en la alimentación se traduce al poco tiempo en la aparición de fatiga física y mental, con sensación de abatimiento general.
- Protege el intestino y estimula la flora intestinal, previene el síndrome del intestino irritable, las diarreas y el estreñimiento.
- Actúa como coenzima en la degradación y utilización de las proteínas por parte del organismo, mejorando la rigidez y debilidad de músculos y articulaciones.
- Incrementa el suministro de oxígeno a todos los tejidos corporales, muy especialmente a las articulaciones, disminuyendo las sensaciones de hormigueo y acorchamiento.

Sus aplicaciones terapéuticas, que han sido descubiertas en su casi totalidad por investigadores japoneses, van desde el mantenimiento de un estado energético adecuado, al tratamiento de fibromialgias, jaquecas y diversos tipos de anemia, e incluso puede emplearse como tónico nervioso y antidepresivo. No debemos olvidar que cuando ingerimos procaína, bien en forma de KH3 o de Gerovital, ésta se escinde en varios productos dentro del organismo, entre ellos el PABA, de manera que la ingestión oral de este producto ejerce un efecto muy positivo sobre todos los cuadros que cursen con una disminución de la serotonina.

No se han establecido aún las necesidades diarias de PABA, pero las personas que fumen o beban en exceso, así como las mujeres que tomen suplementos de estrógeno, bien en forma de píldoras anticonceptivas o como tratamiento para la menopausia, deben tomar diariamente un suplemento de esta sustancia.

Las mejores fuentes naturales de PABA son la levadura de cerveza, el arroz integral, las hortalizas, las legumbres, los cereales integrales y las vísceras de animales, especialmente el hígado y los riñones. En cuanto a las frutas, las que lo contienen en más abundancia son las uvas pasas y el melón.

En España podemos encontrar en las farmacias comprimidos con un contenido de 500 miligramos de PABA, de los que tomaremos, en caso de fibromialgia, uno antes de cada comida. En el prospecto que acompaña al preparado no se indican efectos secundarios a las dosis adecuadas. De todas formas, aunque la toxicidad del ácido para-amino-benzoico es prácticamente nula, no se recomienda su ingestión prolongada a dosis elevadas sin consultar previamente con un médico, ya que puede interferir en la acción y absorción de otros medicamentos.

En las herboristerías se expenden comprimidos de levadura de cerveza ricos en PABA, que aportan dosis más bajas de esta sustancia que los de la farmacia, por lo que deben tomarse dos comprimidos antes de cada comida, hasta un total de seis u ocho al día.

EL TRIPTÓFANO Y EL DIETIL-AMINO-ETANOL

Los neurotransmisores son sustancias químicas que «transmiten» la información de una neurona a otra. Desde las células del cerebro, que actúa como el centro neurálgico principal, parten continuamente hacia todos los lugares del organismo toda una multitud de órdenes e informaciones que viajan a través de los nervios o fibras nerviosas.

Al mismo tiempo, desde la periferia, esto es, desde los ojos, la piel y el resto de los órganos sensibles, parten vías sensitivas que transmiten información al sistema nervioso central acerca de las condiciones del entorno.

Todas estas órdenes e informaciones se envían por medio de impulsos eléctricos a través de las vías nerviosas. La transmisión de esta información de una neurona a otra debe salvar una hendidura microscópica que queda entre las terminaciones de las células nerviosas y que recibe el nombre de «hendidura sináptica».

Durante mucho tiempo se creyó que los impulsos nerviosos que llegaban a estas zonas de sinapsis saltaban el hueco en forma de chispa eléctrica, la cual estimulaba la célula nerviosa contigua de la misma forma que lo hace un mando a distancia. Sin embargo, ya desde los años cincuenta se empezó a comprobar de forma experimental cómo este impulso nervioso, una vez que llega al final de la vía nerviosa, no sólo provoca alteraciones en la carga eléctrica de la membrana de ambas neuronas, sino que produce además la liberación de determinadas sustancias químicas en la hendidura sináptica, las cuales son en último término quienes estimulan a los receptores de membrana de las células contiguas, transmitiendo así la información. Estos neurotransmisores, al unirse a los receptores de membrana de la otra neurona, provocan a su vez la liberación de otras sustancias mensajeras dentro de esta segunda célula.

Todo esto resume de forma muy esquemática el funcionamiento bioquímico de nuestro sistema nervioso, resultando pues que nuestras percepciones, movimientos, sentimientos, reacciones y estados de ánimo dependen de la acción de determinadas sustancias mensajeras, los neurotransmisores, los cuales se encuentran profundamente alterados en la fibromialgia.

El primer neurotransmisor fue descubierto en los años veinte por el fisiólogo alemán O. Loewi, quien denominó a esta sustancia «serotonina», que se encuentra presente en todo el reino animal, incluso en las bacterias y en muchas plantas. En el cuerpo humano es liberada por las plaquetas, y se encuentra en grandes cantidades en muchos tejidos corporales, entre los que destacan la mucosa intestinal y el sistema nervioso central en general.

Producida a partir del aminoácido triptófano por acción de diversas enzimas, la serotonina tiene muchas propiedades fisiológicas en el organismo: inhibe la secreción gástrica, estimula la contracción de la musculatura lisa, sirve como neurotransmisor cerebral y estimula la liberación de diversas hormonas por parte de la hipófisis.

El déficit de serotonina se ha relacionado con un amplio abanico de enfermedades, entre ellas la fibromialgia. Justamente, en su esfuerzo por encontrar un tratamiento para este cuadro, los investigadores han intentado tratar estos casos inyectando serotonina artificial, pero aunque ésta es químicamente idéntica a la que fabrica nuestro cerebro, el hecho es que se destruye en cuanto llega al torrente circulatorio, además no es capaz de atravesar la barrera hematoencefálica, paso obligado para cualquier molécula que pretenda ejercer su acción sobre el cerebro.

También se ha intentado aumentar la cantidad de serotonina aumentando la ingesta de triptófano, un aminoácido esencial que usa el cerebro, junto con la vitamina B_6, la niacina y el magnesio, para producir serotonina. Los aminoácidos son compuestos orgánicos a partir de los cuales el organismo construye sus componentes proteicos. Hay veintidós aminoácidos conocidos, pero sólo ocho de ellos son considerados aminoácidos esenciales, pues no pueden ser fabricados por el cuerpo humano y deben ser obtenidos diariamente de la alimentación o por medio de suplementos dietéticos. Estos aminoácidos esenciales son: isoleucina, leucina, lisina, treonina, triptófano, valina, fenilalanina y metionina. Son precursores de muchas biomoléculas, aparte de formar las proteínas y ejercen importantes funciones biológicas, interviniendo en la síntesis de hormonas, vitaminas, coenzimas, pigmentos y sustancias neurotransmisoras. En las herboristerías podemos encontrar cápsulas que contienen todos los aminoácidos esenciales, y que están muy indicadas en la fibromialgia, pues producen una mejoría del estado general.

El triptófano, descubierto en 1901 por Hopkins y Cole, se encuentra fundamentalmente en la proteína láctea, de la cual se libera en la digestión. Es esencial para el crecimiento óptimo del lactante y para el normal funcionamiento del organismo adulto. Como precursor de la serotonina, el triptófano parece ejercer una acción antidepresiva, y desde hace algunos años ciertos médicos estadounidenses, entre ellos el doctor David Bressler, del Centro para el Control del Dolor de la Universidad de California, han empezado a aconsejar a sus pacientes de fibromialgia suplementos de triptófano (que se venden sin receta en las tiendas de complementos dietéticos) para obtener un efecto calmante del dolor y relajante durante el día y un sueño reparador durante la noche. Estos preparados también pueden encontrarse en las herboristerías españolas.

Otro interesante hallazgo clínico ha sido la constatación de que en casos de déficit de zinc o de vitamina B_6, se reducen considerablemente los niveles de serotonina del organismo. En el caso del zinc no es sorprendente, ya que numerosas investigaciones, entre las que destacan las llevadas a cabo por el doctor R. L. Ruberg, han puesto de manifiesto que el zinc es un importante cofactor, imprescindible para la acción de numerosas enzimas, y que interviene en múltiples biosíntesis tanto en el sistema nervioso central como en tejidos periféricos como la piel, resultando necesaria su presencia para que se lleven a cabo los pasos metabólicos que convierten al triptófano en serotonina.

Asimismo, un déficit de vitamina B_6 reduce en más de un cincuenta por ciento los niveles corporales de serotonina, alterando el funcionamiento de todos los biorritmos del organismo. La vitamina B_6 es en realidad un grupo de sustancias (piridoxina, piridoxal y piridoxamina) que están íntimamente relacionadas entre sí, y funcionan de forma conjunta. En el cerebro, el metabolito activo de la piridoxina es el piridoxal-5-fosfato (P5P), que actúa como cofactor de muchas enzimas, incluyendo las que están involucradas en la biosíntesis de la serotonina y otros neurotransmisores.

Todo esto sugiere que no debemos olvidar la mutua complementariedad entre el triptófano, el zinc y la piridoxina dentro de su aplicación en el campo de la fibromialgia, ya que con una adecuada suplementación de estas sustancias al paciente fibromiálgico podemos conseguir un notable aumento tanto de la síntesis como de la mayor capacidad de acción de diversos neurotransmisores en el sistema nervioso central. Está demostrado que cualquier sustancia que consiga aumentar el nivel y la acción de la serotonina en el cerebro produce un cambio marcado en el estado de ánimo, reduciendo la fatiga, incrementando el umbral de resistencia al dolor, corrigiendo el insomnio, mejorando el control de los propios impulsos y minimizando los síntomas, o incluso haciéndolos desaparecer por completo, de los cuadros de fibromialgia.

La discusión actual se centra en si administrar la piridoxina en su forma tradicional como vitamina B_6 o bien administrar su metabolito activo, el piridoxal-5-fosfato (P5P), el cual puede actuar directamente sobre la síntesis de serotonina, sin tener que pasar por el paso previo catalizado por la enzima piridoxal-quinasa cerebral, la cual a veces no trabaja al ritmo adecuado en algunas personas afectadas de fibromialgia. De todas formas, la mayoría del P5P ingerido por vía oral es degradado por las enzimas fosfatasas intestinales en sus constituyentes básicos, el piridoxal y el fosfato. Es más, incluso se ha demostrado que sólo las formas no fosforiladas de vitamina B_6 (por lo tanto no el P5P) son en realidad captadas por el cerebro, pues pueden atravesar con más facilidad las membranas fosfolipídicas del sistema nervioso central. Es decir, que aun incluso en el caso de que el P5P fuera absorbido intacto como tal en el tracto digestivo, tendría que ser reducido previamente a una forma no fosforilada antes de poder atravesar las membranas cerebrales. Por ello la pauta habitual, y que resulta a la larga más efectiva, es la administración a los pacientes de fibromialgia de un suplemento de vitamina B_6 junto con el zinc y el triptófano. La coadministración de riboflavina (vitamina B_2) también resulta de gran interés en estos pacientes, ya que la síntesis de P5P depende en gran parte de esta vitamina, cuya deficiencia es común entre los fibromiálgicos.

Existe, sin embargo, otro nutriente que pasa más fácilmente la barrera hematoencefálica que el triptófano y la vitamina B_6 y que parece ser tan efectivo como éstos en la fibromialgia: se trata del dietil-amino-etanol, simplificado en las siglas DMAE.

En 1973 el doctor Hochschild publicó una serie de trabajos en los que ponía de manifiesto que el DMAE era muy superior al triptófano en su habilidad para atravesar la barrera hemática del encéfalo, podía llegar muy certeramente a los sitios concretos donde es necesario un aumento de la serotonina y una regeneración de las vainas de mielina de los axones neuronales.

Ya en los estudios realizados por el doctor Luth en los años cincuenta y que mencionamos a propósito de la KH3, éste había llegado a la conclusión de que la procaína resultaba tan efectiva como antidepresiva y regeneradora del funcionamiento cerebral porque dicha sustancia, al ser inyectada o ingerida, estimula la producción de DMAE por parte del organismo, el cual a su vez producía en las personas afectadas de lo que entonces se conocía como fibrositis un incremento de la energía vital, mejor ritmo de sueño, mayor velocidad de reflejos, recuperación del tono muscular y una gran sensación de bienestar, es decir, que el DMAE reduce o corrige en gran parte los síntomas más comunes asociados con la fibromialgia.

El doctor Luth constató también que el aumento de los niveles de DMAE en el organismo ejerce asimismo un efecto muy positivo en personas sanas, que también pueden ver incrementada su memoria y librarse de sus síntomas depresivos o de agotamiento físico e intelectual. Incluso los niños, después de seguir durante algún tiempo un tratamiento que elevaba sus niveles de DMAE, mostraban mejor humor, incremento de memoria, de la capacidad de aprendizaje e incluso un mayor nivel de inteligencia al responder a los tests.

Otros investigadores, como Murphree, también comprobaron que el incremento de DMAE produce en todos los casos una mayor claridad mental y capacidad de concentración, normaliza los ritmos de sueño, incrementa el tono muscular y reduce tanto los síntomas depresivos como los de estrés y angustia, tan frecuentes en la fibromialgia.

Posteriormente, el doctor Chapman publicó en el *Biochemical Journal* su opinión de que cuando ingerimos procaína ésta se escinde dentro del organismo en varios nutrientes esenciales, entre ellos el PABA y el DMAE, los cuales aumentan el riego sanguíneo del cerebro y estimulan la producción de serotonina y de fosfatidil-colina. Esta última es uno de los constituyentes esenciales de la membrana de las células de todo el organismo, y muy especialmente de las neuronas.

Según el doctor Chapman, la degradación de esta membrana celular sería una de las principales causas del dolor generalizado que acompaña a la fibromialgia, de ahí el efecto en el organismo del PABA y del DMAE que regeneran e incluso previenen la degeneración de la membrana. Hay que añadir que si a la terapia con dichos nutrientes se añade un par de cucharadas al día de lecitina de soja, especialmente rica en fosfatidil-colina, el efecto del tratamiento es mucho más rápido y espectacular a todas las edades.

No sería hasta los años noventa, cuando los químicos fueron capaces de obtener procaína en el laboratorio mezclando PABA y DMAE, el famoso investigador Hans Kluger se preguntó si la ingestión oral de ambas sustancias produciría los mismos efectos que la toma de procaína. En varios estudios a doble ciego realizados en la Facultad de Medicina de la Universidad de Chicago, el doctor Kugler pudo demostrar que su suposición era cierta.

Este descubrimiento causó gran sensación en Estados Unidos, país que ha boicoteado desde siempre la importación tanto de KH3 como de Gerovital por motivos políticos y comerciales, y donde la procaína sólo puede obtenerse para su uso como anestésico con receta médica y en forma inyectable.

Un laboratorio norteamericano, Vita Industries, obtuvo la patente de este producto y empezó a comercializar por todo el país una fórmula a base de PABA y DAME, dos sustancias naturales e inocuas. El compuesto podía adquirirse sin receta y en forma de comprimidos, y ya era «algo bueno» porque era una patente estadounidense (los norteamericanos siempre omiten recordar que en realidad el PABA es un descubrimiento japonés, como ya comentábamos al tratar esta sustancia).

El hecho cierto es que numerosos y recientes estudios han demostrado que el DMAE es un nutriente esencial que todos los pacientes de fibromialgia que deseen incrementar su calidad de vida deben tomar. Aunque sus concentraciones en el organismo son infinitesimales, se ha comprobado la amplia presencia del DMAE en todos los organismos vivos.

En palabras del doctor Hochschild, uno de los principales investigadores en este campo de la bioquímica cerebral: «Debido a su papel esencial en la formación y reparación de las membranas celulares, los resultados sugieren que el síndrome fibromiálgico puede aliviarse de manera considerable mediante la ingestión de suplementos de DMAE. Esta sustancia, por su naturaleza, no es comparable a ninguna otra, pues con su efecto no estimula ni deprime ninguna función del organismo, simplemente regula y normaliza aquello que está alterado».

Aunque al igual que la serotonina y el PABA el dimetil-amino-etanol se encuentra presente en forma natural en muchos alimentos, sobre todo en los de origen marino tales como las sardinas, las anchoas, el salmón o las algas, habría que consumir diariamente una enorme cantidad de estos nutrientes para poder obtener en ciertos casos una mejora sustancial de los síntomas fibromiálgicos. El método más fácil es tomar algún suplemento a base de este producto.

En las farmacias españolas podemos encontrar ampollas bebibles a base de DMAE, indicadas en casos de depresión y falta de fuerzas. Este producto actúa en el cerebro como desintoxicante neuronal, mejorando la conductividad nerviosa. Sus efectos tónicos y revitalizantes se manifiestan no sólo a través de la mejoría de la astenia y el estado de ánimo, sino también en un mejor tono de la respuesta muscular.

En este sentido, el doctor Murphy ha realizado una serie de estudios a doble ciego con el DMAE por encargo del Servicio Público de Salud del Gobierno de Estados Unidos. Sus estudios, publicados en la prestigiosa revista *Clinical Pharmacology and Therapeutics*, dejaban claro que «las conclusiones del estudio son significativas en el sentido de que el grupo de pacientes con fibromialgia tratados con DMAE ha presentado casi en un 90 % una clara mejoría de su estado patológico, así como un incremento del tono muscular, mejoría del ritmo del sueño (con desaparición del insomnio e instauración de un sueño más profundo y reparador), disminución de la sensación de malestar y cansancio crónicos y mayor vitalidad sexual. La mayoría de los pacientes informaron asimismo de una mejoría en su estado de ánimo, y de la desaparición de los dolores de cabeza y los síntomas depresivos».

No se ha demostrado que el producto tenga ninguna clase de contraindicación o efectos secundarios, ni tampoco toxicidad, aun ampliando las dosis recomendadas, que es de 2 o 3 ampollas al día tomadas en medio vaso de agua antes de las comidas. Según la mayoría de las investigaciones, una cantidad promedio de entre 500 y 1.000 miligramos diarios parece ser la dosis óptima para conseguir los mejores resultados.

Así, la pauta de tratamiento para los enfermos de fibromialgia sería:

- Tres ampollas de 250 mg de DMAE.
- Tres cápsulas de 500 mg de triptófano.
- Un comprimido de 50 mg de zinc.

- Una cápsula de 100 mg de vitamina B$_2$ (riboflavina).
- Tres cápsulas de 100 mg de vitamina B$_6$ (piridoxina).
- Tres comprimidos de 500 mg de PABA.

También se puede dar un suplemento dietético a base de alga espirulina, un alga microscópica verdeazulada de la clase de las cianofíceas, que es uno de los alimentos naturales más completos que se conocen.

Se trata de un alga usada como alimento desde la antigüedad por todos los pueblos, desde Suramérica a África u Oriente, y que constituye un excelente complemento nutricional para los pacientes de fibromialgia por su variado contenido en vitaminas, minerales, aminoácidos esenciales y sobre todo proteínas, que determinan un aumento marcado de la producción natural de DMAE por parte del organismo.

La espirulina se puede encontrar en distintas presentaciones (cápsulas o comprimidos) en cualquier tienda de dietética. La dosis habitual suele ser la de dos cápsulas o comprimidos, que se toman antes de las principales comidas.

LA GLUTAMINA Y EL ÁCIDO GLUTÁMICO

Como hemos comentado, en 1990 el doctor Hans Kluger demostró que la acción conjunta de PABA y DMAE producía los mismos efectos que el tratamiento con procaína del KH3, ya que la procaína, al ser metabolizada, se descompone en esos dos nutrientes.

También hemos visto cómo un laboratorio norteamericano, Vita Industries, obtuvo los derechos para comercializar esta fórmula a base de PABA y DMAE, a la que llamó Gero-Vita GH3, y para incrementar la acción del preparado se le añadió L-glutamina, un aminoácido que produce una notable elevación de ácido glutámico en el cerebro, el cual a su vez actúa como un potente energizante sobre el sistema nervioso.

En un artículo titulado «Catorce médicos confirman que la L-glutamina aumenta el rendimiento intelectual», el doctor Richard Passwater fue el primer especialista en exponer públicamente cómo el cerebro necesita dos tipos de carburantes. Hasta hace poco la ciencia sólo conocía uno de ellos, la glucosa, pero estudios recientes han demostrado que hay otra sustancia también imprescindible para la nutrición y el correcto funcionamiento del sistema nervioso, y ésta es precisamente la L-glutamina.

La L-glutamina afecta directamente a la actividad de la célula cerebral, y un aporte insuficiente de este aminoácido en la dieta puede acarrear a la larga una alteración de las funciones neurológicas. La glutamina interviene además en la formación del ácido glutámico, que es el que funciona verdaderamente como combustible cerebral, actuando además como un potente energizante sobre el resto del organismo, y que se ha comprobado que está muy disminuido en los pacientes con fibromialgia.

El ácido glutámico (glutamato) es en realidad un importante neurotransmisor que organiza el funcionamiento del cerebro, el cerebelo y las vías nerviosas que transmiten las sensaciones dolorosas. Como su síntesis depende de la L-glutamina, una escasez de este aminoácido en la dieta se traduce de inmediato en una disminución de los niveles de ácido glutámico en el organismo, que altera la percepción del dolor. El glutamato es un neurotransmisor excitador (estimulante) y participa en la modulación del sistema nervioso.

La ingestión de suplementos de L-glutamina parece ser así muy beneficiosa en algunos casos, y especialmente útil en la fibromialgia. En su libro *Nutrition for your nerves,* el doctor H. L. Newbold establece que tomar suplementos dietéticos a base de L-glutamina puede mejorar los dolores, la depresión, la impotencia, la falta de libido y la sensación de apatía y debilidad que acompañan a la fibromialgia.

Por otro lado, la L-glutamina ha resultado ser, junto con otros aminoácidos, un nutriente esencial para prevenir los problemas genitourinarios del síndrome fibromiálgico. Así, el doctor K. W. Donsbach ha estudiado la reacción de cientos de personas aquejadas de fibromialgia que presentaban problemas al orinar o vejiga irritable, después de administrarles una mezcla de tres aminoácidos: glicina, L-alanina y L-glutamina. Los resultados no dejaron lugar a dudas: al mes, el 90 % de los pacientes mostraba una marcada mejoría de sus dificultades para orinar.

El único problema es que tan pronto como los sujetos dejan de tomar este suplemento dietético, los síntomas reaparecen, lo cual indica con claridad que en su dieta habitual hay carencia de estos aminoácidos esenciales. Así pues, la conclusión del doctor Donsbach es que, en cuanto la fibromialgia empiece a dar los primeros síntomas genitourinarios, lo más prudente es comenzar a tomar de forma habitual un suplemento dietético con estos tres aminoácidos que se comercializan en nuestras farmacias. Se presenta en envases de

60 cápsulas, y se recomienda tomar cuatro cápsulas al día, repartidas antes de las principales comidas. Puede tomarse de forma continua e ininterrumpida, pues no tiene contraindicaciones o efectos no deseados, y resulta útil tanto en hombres como en mujeres.

En cuanto a la L-glutamina aislada, algunos laboratorios comercializan en las herboristerías y tiendas de dietética cápsulas de 500 miligramos de L-glutamina de origen vegetal. La dosis recomendada en la fibromialgia es de tres cápsulas al día, repartidas antes de las principales comidas.

En las farmacias también podemos encontrar diversos preparados de L-glutamina, normalmente acompañada de otras sustancias y vitaminas que refuerzan la acción de este neurotransmisor en el sistema nervioso central y potencian su acción energizante sobre el organismo. La dosis se adecuará a lo indicado por el médico en cada caso. La más común es de 500 a 1.000 mg al día, entre comidas.

El rango de dosificación del ácido glutámico oscila entre 100 y 1.500 mg al día. La dosis más común es de entre 250 y 500 mg diarios.

EL GABA Y LAS ENDORFINAS

La L-glutamina, aparte de promover la síntesis de ácido glutámico en el cerebro, está relacionada con otros importantes neurotransmisores, como por ejemplo el ácido gamma-amino-butírico, también llamado GABA, una sustancia muy abundante en el cerebro de todos los animales, incluido el ser humano.

Debido a las funciones tan especializadas que estos neurotransmisores llevan a cabo en el organismo, podría pensarse que se trata de moléculas de estructura química muy compleja, y sin embargo no es así: en la mayor parte de los casos estos mensajeros químicos son sustancias muy sencillas ampliamente difundidas en la naturaleza, y lo único complicado son los nombres tan largos y enrevesados que los humanos a veces nos empeñamos en adjudicarles.

Así, por ejemplo, el ácido gamma-amino-butírico es un aminoácido muy común en el reino animal y vegetal y que solemos ingerir habitualmente con la alimentación, por ejemplo, cuando comemos lechuga, que en cualquiera de sus variedades es una de las plantas más ricas en GABA que existen. El GABA, sin embargo, no se encuentra en cantidades significativas en los alimentos. Se produce casi exclusivamente en el organismo a partir del aminoácido ácido glutámico o glutamato (aportado por los alimentos o por la conversión de la glutamina).

Este ácido se encuentra en todas las células de nuestro organismo, y su función principal como aminoácido neurotransmisor inhibidor es la de regular o modular el funcionamiento de las sinapsis nerviosas, pudiendo en un determinado momento llegar a «desconectar» casi el 40 % de las transmisiones interneuronales al objeto de sumir al organismo en un estado de paz y tranquilidad.

El GABA es pues una sustancia de gran importancia para el sistema nervioso, y junto con el Valium endógeno y las endorfinas constituye el grupo de neurotransmisores con efecto sedante y analgésico, que tranquilizan el estado de ánimo y atenúan la sensación de dolor y ansiedad. Todos ellos se encuentran muy alterados y disminuidos en la fibromialgia.

En 1978 un equipo de investigación de los laboratorios Roche descubrió en el cerebro humano la existencia de receptores específicos para el Valium, una molécula sintética que, como todo el mundo sabe, pertenece al grupo de las benzodiacepinas, sustancias de efectos ansiolíticos y de relajación muscular.

El hallazgo puso de relieve que dentro del cerebro debían existir de forma natural unas sustancias muy parecidas al Valium sintético fabricado por Roche, y se las supuso relacionadas con las endorfinas.

A este tranquilizante natural se le llamó Valium endógeno y a sus receptores, receptores gaba-endovalium, pues se comprobó que estaban íntimamente relacionados con el GABA.

Como afirma el doctor Josef Zehentbauer en su obra *Drogas endógenas*, el estudio de estos receptores para GABA-endovalium dominó la investigación farmacológica de los años ochenta, y algunos bioquímicos, como el doctor Wildmann, descubrieron que tanto en el cerebro humano como en el de los animales existen diversos neurotransmisores con un efecto muy similar al del Valium y las benzodiacepinas en general.

El siguiente reto era averiguar cómo y dónde se sintetiza este Valium endógeno, y cómo podemos potenciar su acción de forma natural, evitando así tener que tomar sedantes y analgésicos artificiales. Dado que estas benzodiacepinas naturales también han sido halladas en multitud de plantas, es posible que consumamos gran parte con la dieta y, una vez dentro del organismo, se asimilen y almacenen para su oportuna utilización.

Diversas investigaciones han comprobado asimismo que otra forma natural de aumentar la concentración en el organismo de estos tranquilizantes y analgésicos internos es mediante la ingestión de suplementos dietéticos ricos en L-fenilalanina, un aminoácido esencial que actúa asimismo como neurotransmisor y que se ha comprobado que interviene en la síntesis interna de endorfinas. La L-fenilalanina, además, inhibe varias de las enzimas responsables de la destrucción de las endorfinas, por lo tanto éstas (como por ejemplo la encefalina) disfrutan de una vida más larga y ejercen sus acciones analgésicas durante períodos de tiempo más prolongados.

Recientes hallazgos científicos confirman que las personas que padecen fibromialgia tienen pocas endorfinas. Así pues, se está estudiando administrar L-fenilalanina a estos pacientes, pues la ingestión de suplementos de este aminoácido ayuda en gran manera a paliar los dolores crónicos, las jaquecas, la fatiga y la pérdida de vitalidad. El efecto de la L-fenilalanina es igual o incluso superior al de los analgésicos y antiinflamatorios convencionales, con la ventaja de que su efecto es sostenido y no presenta ninguna clase de contraindicaciones. Según los más recientes estudios, cerca del 75 % de los pacientes experimentan una mejoría del dolor y del estado de ánimo entre una semana y un mes después de haber iniciado el tratamiento.

En las farmacias españolas es posible adquirir un preparado a base de L-fenilalanina (el Alanín) y en las herboristerías y tiendas de dietética se venden cápsulas de 500 mg de DL-fenilalanina (DLPA), aminoácido compuesto en un 50 % por L-fenilalanina y en el otro 50 % por D-fenilalanina, y que algunos estudios han demostrado que es la forma más eficaz en el tratamiento del dolor crónico asociado a la fibromialgia. Se recomienda tomar de 500 a 2.000 mg al día, entre comidas, por ejemplo se puede tomar una o dos cápsulas a media mañana y a media tarde con un poco de agua.

Hay que tener en cuenta las siguientes precauciones:

- Existen evidencias que sugieren que los pacientes con lupus eritematoso o esclerodermia deben evitar tanto las fuentes dietéticas como los suplementos de fenilalanina.
- No debe tomarse fenilalanina con el estómago vacío si se padece hipertensión arterial.
- No utilizar en los casos de fenilcetonuria (enfermedad congénita donde existe una incapacidad para metabolizar este aminoácido).
- No debe ingerirse conjuntamente con fármacos inhibidores de la MAO sin el consentimiento de un médico.

A la larga, y aparte de calmar el dolor y mejorar el estado de ánimo triste y depresivo, este tratamiento consigue aumentar la vitalidad, la memoria y la actividad mental. La razón es que las endorfinas liberadas tras la ingestión de L-fenilalanina o de DLPA colaboran estrechamente con las otras sustancias mensajeras endógenas de efecto relajante, como el endovalium y el GABA. Por otra parte, el efecto analgésico de las endorfinas u hormonas supresoras del dolor se basa asimismo en el hecho de que frenan la liberación por parte del organismo de la sustancia P, un neurotransmisor presente en el cerebro y en la médula espinal responsable de transmitir la información de las sensaciones dolorosas que se producen en la periferia del cuerpo (la piel, los huesos, etc). Esta sustancia P se encuentra en más cantidad en los pacientes de fibromialgia, provocando múltiples e intensas sensaciones dolorosas.

Las endorfinas son, pues, analgésicos muy potentes, y en los laboratorios se ha intentado sintetizarlas de forma arti ficial para obtener así medicamentos que calmen el dolor crónico sin dañar al organismo. Sin embargo, estas endorfinas sintéticas presentan un riesgo de adicción muy elevado, tanto como el opio o la morfina, y han sido descartadas como alternativa terapéutica.

Las endorfinas sintetizadas por el propio organismo tras la ingestión de suplementos de L-fenilalanina o de DLPA no provocan, por el contrario, adicción alguna, ya que se liberan en la cantidad justa requerida en cada caso y además son inmediatamente destruidas después de ejercer su acción, con lo cual no existen riesgos de intoxicación.

También es posible elevar el nivel de endorfinas de forma natural con la ingestión de determinados alimentos (como la lechuga ya mencionada) e infusiones de plantas (como la amapola o la melisa). Asimismo, algunas técnicas de relajación, el yoga o la acupuntura, son capaces de elevar el nivel de endorfinas, lo cual explica en parte su efecto relajante y analgésico y sus buenos resultados en pacientes con fibromialgia.

Hay algo que puede ayudarnos, de forma muy eficaz, a superar la sensación de malestar crónico y desajuste mental que se da en la fibromialgia: una vida en contacto con la naturaleza. Es difícil mantenerse angustiado ante la belleza del mar, frente a la majestuosidad de unos picos coronados de nieve, bajo un cielo intensamente azul, al sentir la caricia del Sol o de la brisa en nuestra piel o respirar el aire de la montaña embalsamado por el aroma de los pinos. Se ha demostrado que todas esas sensaciones placenteras liberan de inmediato endorfinas a nuestro torrente circulatorio. De antiguo se conoce la relación entre el bienestar físico y la serenidad mental, que se ejercen una influencia mutua uno en otro. Todos sabemos que un disgusto suele dejar sin apetito o sube la presión arterial; está comprobado que la fibromialgia aparece con frecuencia (y a pesar de haberse descubierto su relación con la contaminación electromagnética) en personas sometidas a graves y continuos estados de tensión nerviosa debidos a sinsabores y a fracasos en la vida profesional y familiar.

Por el contrario, un organismo sano, alimentado de forma equilibrada, con una dieta rica en frutas y verduras (que producen gran cantidad de endorfinas tras su ingestión) lleva su carga de energía vital en forma de aminoácidos esenciales a las células cerebrales, las cuales pueden sintetizar los neurotransmisores adecuados que limpian la mente de inquietudes malsanas y de esos negros cuervos que son las ideas de infelicidad y malestar.

Asimismo la administración de suplementos a base de GABA es capaz de modular eficazmente la respuesta al dolor y al estrés emocional. El GABA además es un inductor del sueño no somnífero que resulta una buena alternativa a los hipnóticos. Sus efectos en el insomnio podrían deberse a las propiedades tranquilizantes sobre el sistema nervioso y el cerebro. Es un excelente sedante natural (se recomienda tomarlo junto con niacina e inositol o, mejor aún, con el complejo B). Es recomendable administrarlo por la tarde-noche.

En la naturaleza, la fuente más abundante de GABA es, como se ha dicho, la lechuga *(Lactuca sativa)*, en cualquiera de sus variedades, bien comida fresca en ensalada, cocida o licuada, teniendo en cuenta que el tronco blanco es la parte más rica en este aminoácido. El zumo de lechuga silvestre se ha empleado de antiguo para los problemas de nervios, pues calma los espasmos musculares, los dolores, las crisis de nervios e induce el sueño de forma natural.

En las farmacias podemos encontrar diversos productos que contienen GABA en diversas dosis, y que deben ingerirse según las recomendaciones del prospecto en cada caso, y en las herboristerías podemos adquirir cápsulas de 500 mg de GABA, de las que pueden tomarse una o dos al día. El rango de dosificación oscila entre 200 mg y 10 gramos al día, aunque la dosificación más común es de 500 o 1.000 mg al día, entre comidas. De todas formas, antes de decidirse a tomar éste o cualquier otro de los suplementos dietéticos mencionados en este capítulo, es obligado consultar previamente con un médico que entienda la fibromialgia y se interese por este tipo de suplementación dietética.

LA DHEA Y EL EXTRACTO DE WILD YAM

Reciben el nombre de «hormonas esteroides» todas aquellas sustancias de carácter hormonal que son sintetizadas por el organismo a partir del colesterol. De un modo bastante esquemático, podemos clasificarlas en tres grandes grupos:

1. Las denominadas hormonas sexuales femeninas, esto es, la progesterona y el estradiol.
2. La clásicamente considerada como la hormona masculina por excelencia: la testosterona.
3. Las distintas hormonas de la corteza suprarrenal, presentes tanto en el hombre como en la mujer, encargadas de llevar a cabo importantes funciones de regulación metabólica, y entre las que destacan:

   - los corticoides: la cortisona, el cortisol...
   - la aldosterona, que regula la absorción de agua y sales por parte del riñón,
   - la dehidroepiandrosterona o DHEA, nombre equívoco que induce a pensar que se trata de una hormona exclusivamente masculina, cuando en realidad no lo es.

La verdad es que todas estas hormonas esteroides son constituyentes fundamentales del organismo tanto en el hombre como en la mujer, y continuamente además se están transformando unas en otras, ya que todas tienen una estructura química básica muy parecida que deriva, como hemos dicho, del colesterol.

El primer paso metabólico en la biosíntesis de estas hormonas a partir del colesterol es la formación de progesterona, la cual a su vez, y por acción de diversas enzimas, se transforma en testosterona, que sirve de base para la formación de estradiol, que es el estrógeno principal. Por otra parte, el colesterol, bajo la influencia de otras dos enzimas, se transforma en dehidro-colesterol, también llamado dehidroepiandrosterona y conocido por las siglas DHEA, el cual pasa luego a sulfato de DHEA, que es la forma activa de la hormona que nos ocupa.

Como puede observarse, el colesterol resulta ser una sustancia fundamental para la síntesis de numerosas hormonas imprescindibles para la vida, y la actual ingesta indiscriminada y abusiva de los modernos fármacos hipolipemiantes, que reducen los niveles de colesterol del organismo de forma drástica y artificial, pueden acarrear a la larga graves daños a nivel endocrino, metabólico y neurológico.

La DHEA es una hormona que empezamos a segregar en la infancia, hacia los siete años, y sus niveles en sangre alcanzan su máximo hacia los veinte años. Hasta los treinta años es la hormona esteroide más abundante en el organismo, pero a partir de esta edad su producción comienza a decrecer, y a los cincuenta años ya sólo tenemos un 10 % de los niveles de la juventud. Su presencia en sangre es prácticamente indetectable a partir de los sesenta años.

Las personas mayores que, de forma independiente de su sexo, mantienen niveles altos de DHEA, presentan un 50 % menos de probabilidades de sufrir un cáncer, un infarto o una hemorragia cerebral que las personas con bajos niveles de esta hormona, según ha demostrado en un reciente estudio la doctora Elizabeth Connor, profesora del Departamento de Endocrinología de la Universidad de California, quien también ha señalado cómo los pacientes de fibromialgia presentan niveles de DHEA muy inferiores a las personas sanas de su misma edad.

Los efectos beneficiosos derivados de la administración de esta hormona han levantado en los últimos años una gran expectación dentro del mundo científico. De hecho, esta sustancia está empezando a ser objeto de profundos estudios que ponen de manifiesto cómo la DHEA parece ser una de las principales hormonas implicadas en la aparición de la fibromialgia.

Es tentador pensar que con la ingestión diaria de una pequeña dosis de DHEA, un producto barato y sencillo de administrar, y que carece de efectos secundarios, se podría proporcionar a las personas con fibromialgia una mayor calidad de vida, deteniendo e incluso previniendo la degeneración física y psíquica causada por esta enfermedad.

Quizás el *boom* de la DHEA se produzca dentro de unos años, cuando las multinacionales decidan comercializarla en nuestro país. Hoy día está prohibida en España y sólo la utilizamos una minoría de profesionales de la medicina que aconsejamos a nuestros pacientes que la compren por internet.

Además de ejercer un efecto vitalizante en general y de prevenir el deterioro psíquico y físico, la DHEA es también capaz de corregir la creciente tendencia a la obesidad y al sobrepeso que se presenta en la fibromialgia, debido sobre todo a la creciente inmovilidad y falta de ejercicio físico. Uno de los principales investigadores sobre la DHEA, el doctor Arthur Schwartz, después de administrar esta hormona a cobayas obesos ha llegado a la conclusión de que esta sustancia es capaz de «quemar» toda la grasa sobrante del cuerpo.

Asimismo, el doctor Kenneth Bonnet, de la Escuela de Medicina de la Universidad de Nueva York, ha estudiado en profundidad los efectos de esta terapia con DHEA en los animales y en los seres humanos, y ha llegado a conclusiones similares sobre su eficacia. Su caso más conocido es el de una mujer de cuarenta y siete años diagnosticada de fibromialgia, que presentaba además frecuentes jaquecas y dificultad de memorización. Entre los diagnósticos que había recibido anteriormente al consultar a otros especialistas destacaba el de depresión crónica. La medicación que le había sido prescrita para resolver estos problemas sólo le había hecho efecto durante cortos períodos de tiempo, al cabo de los cuales había empeorado.

Esta paciente también padecía un insomnio crónico que le impedía descansar por las noches, de modo que se encontraba cansada y somnolienta durante el día. Su encefalograma también mostraba algunas alteraciones en las ondas cerebrales y sus niveles séricos de DHEA estaban muy disminuidos. Ante este cuadro, el doctor Bonnet le administró en principio una dosis muy baja de DHEA, del orden de 5 miligramos diarios por vía oral durante una semana, al cabo de la cual se le realizaron nuevas pruebas que pusieron de manifiesto una marcada mejoría en su estado físico y psíquico.

La paciente informó además de que dormía mejor por la noches y se encontraba más despejada durante el día; podía moverse con más facilidad y se sentía más animada. Se pudo constatar, en efecto, un incremento de sus reflejos y del tono muscular, y una disminución de los síntomas depresivos y de las jaquecas.

Al cabo de una semana se subió la dosis de DHEA a 25 mg diarios, y al poco tiempo los tests realizados mostraron una mejoría aún más evidente en su estado físico y psicológico. A los tres meses la paciente se sentía jovial y optimista, dormía por las noches y era capaz de moverse sin dificultad y sin dolor alguno.

El doctor Bonnet ha seguido administrando pequeñas dosis orales de DHEA a esta paciente durante varios años, sin que se haya presentado ningún tipo de efectos no deseados ni haya habido que ir aumentando la dosis, que sigue siendo de 25 mg al día. En la actualidad esta mujer ha sido capaz de terminar sus estudios y hoy regenta un pequeño negocio de su propiedad.

En otro estudio, llevado esta vez a cabo por el doctor C. R. Merril, del Departamento de Bioquímica del Instituto Nacional para la Salud del Estado de Maryland, se realizó un análisis de sangre a decenas de pacientes diagnosticados de fibromialgia con objeto de determinar sus niveles séricos de DHEA, y se comprobó que en todos los casos estos niveles eran inferiores casi en un 50 % a los de los sujetos sanos del grupo control del mismo sexo y edad.

Las mujeres suelen tener unos niveles de DHEA ligeramente inferiores a los del varón, pero al realizar el mismo estudio comparativo anterior, esta vez entre mujeres aquejadas de fibromialgia, se comprobó que estas enfermas tenían menos de la mitad de DHEA en su sangre que las mujeres sanas de su misma edad del grupo control.

Estos hallazgos son muy importantes, pues demuestran que en todos los casos las personas con fibromialgia tienen unos niveles muy bajos de DHEA, de manera que la terapia con esta hormona abre una nueva posibilidad para curar y aliviar los síntomas asociados a este cuadro. Así, un estudio a doble ciego realizado por el doctor Vincent Calabrese, de la Facultad de Medicina de la Universidad de Virginia, ha demostrado que los suplementos orales a base de DHEA son un remedio eficaz en los casos de personas afectadas de fibromialgia y fatiga crónica.

En todos los casos, la dosis idónea parece ser la de 25 mg para las mujeres y 50 mg para los hombres, tomados en el desayuno. En internet, diversos laboratorios estadounidenses ofrecen DHEA de bastante buena calidad, en comprimidos de 25 mg. Como ya se ha comentado, ésta es la única forma de obtener la hormona en nuestro país, pues por razones políticas y comerciales la DHEA no se comercializa en España.

De todas formas, y aunque la DHEA es una hormona producida por las glándulas suprarrenales de todos los mamíferos, también se halla presente en el reino vegetal, y hace ya más de medio siglo que el doctor Russell Marker descubrió la manera de extraer esta hormona del ñame mexicano, el cual era usado por las mueres indígenas para aliviar sus dolores menstruales. El wild yam o *Dioscorea villosa*, una especie de batata o ñame silvestre que crece en el suroeste de Estados Unidos y en el norte de México, y que ha sido empleada desde hace siglos por la medicina popular para aliviar los cólicos intestinales, los dolores reumáticos y musculares y las menstruaciones dolorosas, es una planta especialmente rica en diosgenina, una saponina esteroidea de estructura muy parecida al colesterol.

Existen muchas otras variedades del género *Dioscorea* en

todo el mundo, y así algunas de ellas también se describen en los tratados de farmacopea china como eficaces remedios para cuadros similares.

La industria farmacéutica utiliza desde hace tiempo su constituyente principal, la diosgenina, para sintetizar diferentes hormonas esteroideas, entre ellas la DHEA, de modo que quien desee ingerir un suplemento de DHEA para aliviar su fibromalgia puede elegir entre el preparado sintético o la forma natural de la hormona contenida en el rizoma de esta planta. En las herboristerías españolas podemos adquirir tabletas a base de wild yam; la dosis habitual recomendada es la de dos comprimidos tres veces al día, ingeridos con abundante agua antes de las comidas.

Se considera que estos esteroides naturales de la *Dioscorea* son los mejores que ofrece la naturaleza: de hecho, su contenido en DHEA es muy alto y pueden emplearse sin tener ningún tipo de efecto secundario. Son especialmente útiles en el síndrome del intestino irritable que acompaña a la fibromialgia y también combaten los dolores óseos y musculares.

Aunque es cierto que pocos médicos conocen que las hormonas esteroides contenidas de forma natural en algunas plantas pueden producir los mismos efectos beneficiosos que las preparadas en los laboratorios, deseo reiterar de nuevo mi advertencia de que estos preparados no se ingieran sin la prescripción y el consejo previo de un facultativo.

El NADH

El NADH es la abreviación de nicotín-adenín-dinucleóti-
do en forma reducida, es decir, con un hidrógeno captado.
Es una sustancia natural presente en todos los organismos
vivos, conocida con diferentes nombres. Los más utilizados
son NADH y coenzima I.

El NADH fue descubierto en 1905 como un importan-
te cofactor para las enzimas del organismo. Desde su des-
cubrimiento se le han atribuido más de un millar de fun-
ciones fisiológicas en los libros de bioquímica.

Sin embargo, es un compuesto altamente inestable; reac-
ciona con mucha rapidez con la luz, el calor o la humedad.
Ésta es la razón por la que no se ha usado en terapéutica has-
ta fechas muy recientes. A finales del siglo XX, en la déca-
da de los ochenta, se desarrolló un método para conseguir
NADH estable, digerible y absorbible de forma oral, y de
esta manera fue posible el uso terapéutico de este pro-
ducto.

La molécula de NADH está implicada en multitud de re-
acciones en la célula como la producción de dopamina y
adrenalina, la eliminación de tóxicos, etc., y es el antioxi-
dante conocido más efectivo. Además, debe destacarse su
actividad como productor de energía en la célula, ya que
cuanto más NADH libre hay en la célula, mayor cantidad
de energía puede producir ésta.

El NADH está presente en todas las células vivas, ani-
males o vegetales, de tal manera que lo ingerimos habitual-
mente en nuestra dieta diaria, pero por desgracia la mayor
parte del NADH contenido en los nutrientes es destruido

por el proceso de cocción de los alimentos. La situación no mejora si ingerimos los alimentos crudos, ya que el pH del estómago también lo degrada. De ahí la importancia de encontrar una forma estabilizada y absorbible oralmente de NADH.

La carne y el pescado contienen elevadas cantidades de NADH (hasta 50 mg/kg), mientras que los vegetales lo contienen en mucha menor cantidad (0,1 mg/kg). La razón es que las células del reino vegetal requieren menos cantidad de energía para desarrollar su actividad normal, por el hecho de que no tienen movimiento, a diferencia de las células del reino animal, que necesitan quemar más energía para permitir el movimiento y la locomoción.

Las principales funciones biológicas que desempeña el NADH en nuestro organismo son:

- Aumenta la producción de energía celular.
- Juega un papel importante en la regulación celular y en la reparación del ADN.
- Potencia el sistema inmunitario.
- Es uno de los antioxidantes más importantes.
- Estimula la biosíntesis de dopamina, adrenalina y noradrenalina.

Los alimentos ingeridos a través de la dieta se degradan a moléculas más pequeñas que entran en el interior de la célula y se «queman» para producir energía. El NADH reacciona, junto con esta serie de moléculas, con el oxígeno, para producir en una cascada de reacciones agua y energía. Esta energía se almacena en el interior de la célula en forma de una molécula llamada ATP (adenosín trifosfato), que es la unidad energética del organismo.

Cada molécula de NADH produce tres moléculas de ATP. Cuanta más energía necesita una célula mayor cantidad de NADH tendrá en su interior. El corazón, el cerebro y los músculos son los órganos que necesitan mayor cantidad de energía, y por lo tanto, los que mayor concentración de NADH poseen en su interior.

Al ingerir un suplemento oral de NADH aumentamos la cantidad de esta sustancia en las células, con lo que se incrementa la cantidad de energía (ATP) que esa célula es capaz de producir. Esto es importante en todas las células, pero sobre todo en aquellas que más lo necesitan, como son las del corazón, las del cerebro y las de la musculatura.

Por otro lado, hay evidencias que demuestran que la fibromialgia conlleva una considerable pérdida de energía en el organismo en general, debido a una pérdida de ATP en las células y la posterior disminución de NADH en las mismas. Así pues, si aumentamos dichos niveles, la célula tendrá más energía y será capaz de recuperar su funcionalidad. Este efecto recuperador de la energía se favorece además por la actividad antioxidante, potenciadora del sistema inmunitario y protectora del ADN y de la célula en general del NADH.

Asimismo, hay numerosos estudios que demuestran que el NADH estimula la producción de dopamina, adrenalina y noradrenalina. De esta manera ejerce un efecto positivo sobre las funciones fisiológicas que son estimuladas por estos neurotransmisores, como la fuerza, el movimiento, la coordinación, el estado de alerta, las funciones cognitivas, el estado anímico, el deseo sexual o la percepción del dolor.

El NADH protege también al organismo de agentes tóxicos como los contaminantes, los aditivos alimentarios, las radiaciones electromagnéticas y los radicales libres que pueden dañar a las células de nuestro organismo.

En la década de los noventa se llevaron a cabo varios estudios con enfermos de fibromialgia a los que se administró 10 mg diarios de comprimidos de NADH durante un mes. Se observaron mejoras significativas en el aumento de transporte de oxígeno a los tejidos, una mejor agudeza mental y capacidad de concentración, sensación de mayor energía y vitalidad y una mejoría de todos los síntomas en general. Cabe destacar que no se observó ningún tipo de efecto adverso relacionado con la administración del producto.

Así pues, podemos recomendar la ingestión de NADH sin ningún tipo de riesgos a todos los pacientes de fibromialgia. En las tiendas de dietética podemos encontrar el VitaNADH, de Laboratorios Vitae, comprimidos de 5 mg de los que se suelen tomar dos cada mañana con el estómago vacío, treinta minutos antes del desayuno, ingeridos únicamente con agua. No se conocen contraindicaciones ni efectos secundarios.

LA COENZIMA Q-10

La coenzima Q-10 o ubiquinona, descubierta por el doctor Crane en 1957, es un nutriente esencial, de estructura semejante a las vitaminas E y K. Es una vitamina liposoluble, esencial para la transformación y aportación de energía a cada célula viva.

Esta sustancia se conoce también con el nombre de ubiquinona, nombre derivado de la palabra «ubicuidad», que significa «en todas partes», y no es de extrañar esta denominación, ya que la coenzima Q-10 se encuentra presente en todas y cada una de las células del cuerpo humano. En concreto, la fosforilación oxidativa, que permite almacenar la energía procedente del ciclo de Krebs en forma de ATP, sólo será posible con la intervención de la coenzima Q-10.

La ubiquinona está presente en la mitocondria, y su papel crucial en esta transformación energética es particularmente importante en aquellas personas que llevan un estilo de vida muy activo o acelerado o están sometidas a un estrés intenso.

Las consecuencias de una reducción de esta sustancia son una disminución global de la energía y una ralentización de los procesos metabólicos, todo lo cual se refleja en un empeoramiento de la calidad de vida y la salud.

El doctor Karl Folkers, uno de los pioneros en la investigación de la ubiquinona, ha llegado a la conclusión de que esta enzima es imprescindible para la vida humana. La morbilidad o aparición de las primeras enfermedades está asociada con una deficiencia de coenzima Q-10 de aproximadamente un 75 %, y la muerte sobreviene con seguridad si la deficiencia se sitúa entre este 75 % y el 100 %. En la fibromialgia se ha constatado asimismo una marcada disminución en los niveles corporales de esta sustancia.

Las deficiencias moderadas de coenzima Q-10 en los tejidos pueden pasar inadvertidas, por ejemplo producirán una sensación de astenia y falta de fuerzas, pero cuando el déficit sobrepasa el 50 %, con seguridad se declararán diversos procesos patológicos, que van desde las subidas de presión arterial y los ataques cardíacos hasta el deterioro del sistema inmunitario que conduce al cáncer.

La coenzima Q-10 es también un poderoso antioxidante: en el curso del simposio sobre antioxidantes celebrado en París en septiembre de 2005, el profesor Stocker, del Herat Research Institute de Sidney, Australia, demostró que al producirse la oxidación de las lipoproteínas, la coenzima Q-10 es el primer protector, pues favorece la regeneración de la vitamina E de esas lipoproteínas. En la fibromialgia, donde los procesos oxidativos están muy incrementados, esta función es importante.

El organismo humano adulto sólo contiene unos 2 gramos de ubiquinona, lo cual significa que hay que mantener este nivel por medio de la ingestión diaria de una dieta adecuada rica en esta sustancia. La ubiquinona puede encontrarse en muchos alimentos frescos, pero es un compuesto frágil que se destruye fácilmente por la oxidación, el procesamiento y la cocción. Las espinacas, los cereales integrales, las sardinas, los cacahuetes, las almendras, las nueces y las semillas son una buena fuente de coenzima Q-10.

Es importante tener en cuenta que el organismo puede padecer un déficit de ubiquinona aunque se lleve una dieta variada y adecuada, debido a que el estilo actual de vida impone un ritmo estresante que agota las reservas de esta sustancia. Asimismo, hay que recordar que como el nivel de esta enzima va disminuyendo a medida que envejecemos, en situaciones de esfuerzo intenso, estrés o envejecimiento, o enfermedades como la fatiga crónica o la fibromialgia, es muy recomendable la suplementación de la dieta con una adecuada cantidad de ubiquinona. La dosis óptima oscila entre 15 y 90 mg diarios, que deberá ajustarse al estado de salud, edad y grado de actividad del paciente.

En casos de personas muy debilitadas, enfermedades cardíacas graves o fibromialgias muy avanzadas, habrá que dar cantidades mayores, de hasta 180 mg. Es un producto bien tolerado y no se han descrito efectos secundarios.

En las tiendas de dietética podemos encontrar dos productos muy interesantes de Laboratorios Tegor: la Q-10 Ter Forte, que aporta en cada cápsula 90 mg de coenzima Q-10 pura, y el Vita Q, un complejo de vitaminas y minerales reforzado con 30 mg de Q-10 por comprimido.

EL ÁCIDO PANGÁMICO

El nombre de ácido pangámico (de *pan*, todo, y *gami*, semilla) se debe a que esta sustancia se extrae de la semilla del hueso del albaricoque. También recibe el nombre de vitamina B_{15}, pues en un principio se creyó que formaba parte del complejo vitamínico B, aunque luego se ha demostrado que no es cierto.

Aunque la vitamina B_{15} fue descubierta en Estados Unidos hace más de treinta años por el polémico y brillante bioquímico Ernst Krebs (hijo del descubridor del ciclo de Krebs y premio Nobel de medicina, doctor E. Krebs) el preparado es aún casi desconocido para la mayoría de los médicos occidentales.

No obstante, en los últimos años, muchos científicos, tanto rusos como europeos, han demostrado que el ácido pangámico es un potente antioxidante, capaz de frenar el proceso de envejecimiento y un potente oxigenador y energizante de todas las células del organismo.

La B_{15} aumenta la absorción de oxígeno por parte de la sangre y los tejidos, incrementando en consecuencia la vitalidad y la nutrición de las células, y poniendo en marcha toda una reacción en cadena de efectos energizantes, vivificantes y regenerativos.

En sus informes, la Academia de Ciencias rusa ha reiterado categóricamente en diversas ocasiones que el ácido pangámico resulta eficaz para retrasar la aparición de los síntomas de la vejez, pues mejora el funcionamiento de todos los órganos del cuerpo y produce en las personas una sensación de mayor vitalidad y bienestar.

En Europa y Estados Unidos, las autoridades han permitido que la vitamina B_{15} se venda en las herboristerías y tiendas de dietética, pero con la etiqueta de un complemento dietético natural y con la absoluta prohibición de que sus fabricantes puedan hacer publicidad acerca de sus efectos terapéuticos. En España, aunque nunca ha tenido problemas legales para su venta, la B_{15} es muy poco conocida por los médicos y el interés que despierta en el público es muy moderado.

Hay pocas presentaciones en el mercado. La mejor es la Hepamina, de Laboratorios Tegor, que aporta 100 mg de pangámico por comprimido. Se recomienda tomar dos grageas al día en caso de fibromialgia. Carece de contraindicaciones o efectos tóxicos y no interacciona con otros medicamentos.

El «Garum armoricum»

En Occidente, la actividad biológica del *Garum* se conoce desde hace siglos, y ya los celtas, mucho antes de la conquista de los romanos, utilizaban formas especiales de *Garum* con fines medicinales y terapéuticos. El *Garum* era un producto muy valorado y utilizado por las élites céltica y romana, y los grandes médicos de la época ya lo prescribían a los pacientes que les consultaban porque sufrían de fatiga y astenia.

El *Garum* se obtiene por la autolisis enzimática controlada de las vísceras de determinados tipos de peces procedentes de aguas oceánicas profundas. Es un producto que contiene un 25 % de aminoácidos libres, tales como la glicina, el ácido glutámico y el ácido aspártico. Contiene asimismo ácidos grasos poliinsaturados esenciales, de los cuales el 70 % se deriva del ácido alfa-linoleico y el 30 % de los grupos omega 3 y 6. Posee también una alta proporción de péptidos hipotalámicos hipofisotropos que actúan de precursores hormonales que intervendrán en la síntesis de endorfinas y ácido gamma-amino-butírico (GABA), los cuales son neurotransmisores y precursores de las prostaglandinas (PG1, PG2 y PG3), e intervienen en las principales funciones biológicas del organismo. En el sistema nervioso central, los moduladores PGE son los que, al parecer, afectan las funciones noradrenérgicas centrales, las más implicadas en la génesis y mantenimiento de la fibromialgia.

La presencia de ácidos grasos esenciales (omega 3 y 6) en la composición del *Garum armoricum* puede explicar su influencia en la síntesis de determinados mediadores químicos que intervienen en el metabolismo de las prostaglandinas y actúan como moduladores de las funciones adrenérgicas centrales, reduciendo la sensación de dolor y agotamiento, ejerciendo un efecto antiestrés y mejorando el estado psicológico.

El *Garum armoricum* ha sido objeto de numerosos estudios clínicos en Francia, Japón y Estados Unidos, y en todos ellos ha resultado evidente la gran mejoría clínica experimentada por los enfermos de fibromialgia tras su ingesta. Las conclusiones evidencian que el *Garum* alivia el estado de estos pacientes desde la primera semana de tratamiento, disminuye significativamente la ansiedad y el estrés, y es un producto no adictivo que no tiene efectos secundarios o interacciones conocidas con otros fármacos.

Los resultados revelan que a partir del trigésimo día de administración del *Garum armoricum* se produce un aumento significativo de las ondas alfa en el cerebro de los pacientes, lo cual se traduce en un aumento de la calidad reparadora del sueño y de un sentimiento de un mejor estado vital. También mejora la concentración y la memoria.

Se puede encontrar en herboristerías y tiendas de dietética con el nombre comercial de Stabilium, en cápsulas de 348 mg de las que se recomienda tomar dos cápsulas todos los días en ayunas, unos diez minutos antes del desayuno, con un poco de agua.

EL ÁCIDO MÁLICO Y LA «GRIFFONIA»

El ácido málico es un ácido orgánico dicarboxílico de origen natural implicado en las reacciones de obtención de energía corporal. Con un amplio margen de seguridad, actúa además como secuestrante de sustancias tóxicas a nivel cerebral como el aluminio. La deficiencia en ácido málico es la causa del agotamiento físico que se produce en la fibromialgia, dado que ante un aumento de la demanda de energía se observa también un incremento en la demanda de utilización de ácido málico.

La manzana es rica en ácido málico, el cual es especialmente eficaz en el alivio de las molestias musculares difusas que acarrea la fibromialgia. Además, su alto poder antioxidante aumenta la oxigenación de los tejidos y ayuda a reforzar el sistema inmunológico.

El Promial Complex, de Laboratorios Masterdiet, es un suplemento nutricional que aporta ácido málico, extracto de manzana, quelato de magnesio, extracto de leguminosas con aminoácidos bioactivos (*Griffonia simplicifolia*) y vitaminas del grupo B (B_1, B_2 y B_6). Constituye una alternativa natural completa que nos puede ayudar en los trastornos generalizados, molestias musculares, fatiga crónica, trastornos del sueño y estrés que limitan nuestra calidad de vida en caso de fibromialgia. Se presenta en estuches de 120 comprimidos, de los que se recomienda tomar dos comprimidos tres veces al día. Se vende en herbodietéticas.

El Promial Complex contiene extracto de leguminosas, en concreto de Griffonia *(Griffonia Simplicifolia)*, una planta que crece en la sabana y en las llanuras de la costa oeste de

África, y en cuyas semillas se han encontrado altas concentraciones del aminoácido 5-hidroxi-triptófano (5-HTP), precursor natural de la síntesis de serotonina.

Las semillas de esta planta contienen cerca de un 12 % de 5-HTP. Los pobladores del oeste de África han utilizado esta planta como alimento y medicina durante generaciones, por lo que se dispone de grandes evidencias de seguridad en su uso a largo plazo.

Los estudios clínicos han demostrado que los niveles de serotonina están directamente relacionados con la sintomatología de la fibromialgia. Las personas que presentan niveles inferiores a lo normal son propensas a sufrir mayor sensación de malestar, molestias musculares, trastornos del sueño, fatiga, desánimo, sensación de ansiedad y dolorimiento general...

Tomar 250 mg al día de Promial Complex, proporciona los niveles adecuados de 5-hidroxi-triptófano, que ayudan a restablecer de una forma natural los niveles de serotonina.

EL NONI

Existe una planta muy especial denominada noni *(Morinda citrifolia)*, que tiene muchas propiedades beneficiosas. Crece prácticamente en todas las islas del Pacífico, en Malasia, en el Caribe, sureste de Asia, así como en la India y algunas regiones de Suramérica.

En Europa y Estados Unidos el noni se puede adquirir en forma de zumo o como cápsulas o comprimidos. Gracias a su alto contenido en enzimas (aproximadamente hasta 800 veces más que la piña) y sustancias vitales (más de 100), actúa de forma normalizadora en muchos enfermos de fibromialgia.

Como resultado de varios siglos de práctica de su profesión, los curanderos tradicionales polincsios están convencidos de que además de su efecto positivo en los problemas orgánicos de salud de cualquier tipo, el noni también puede ser de gran ayuda en diversos desequilibrios de carácter psíquico. Por otro lado, no existe ningún riesgo conocido en cuanto al consumo del noni; en Oceanía, millones de personas lo han utilizado durante siglos como alimento de gran valor para la salud.

Considerando que los conocimientos sobre las virtudes curativas del fruto de la *Morinda citrifolia* tienen más de dos mil años de antigüedad, tal vez parezca algo extraño que hasta ahora no se haya conocido en la medicina occidental. Sin embargo hay que aceptar que aun en la era de internet pasan años hasta que conocemos, en los circuitos adecuados, descubrimientos valiosos, y se tarda aún más en que éstos sean comercializados y puedan ser adquiridos por el gran público.

El médico norteamericano Ralph Heinicke, descubridor del principio activo de la piña denominado bromelina, fue quien descubrió también la sustancia más activa que se conoce hasta ahora, la proxeronina, una sustancia de partida para la producción de la enzima xeronina en el organismo, indispensable para el normal funcionamiento del metabolismo, pues consigue que las más de tres billones de células del organismo puedan regenerarse continuamente.

El ser humano necesita la xeronina para que sus células

orgánicas permanezcan sanas. En la fibromialgia se altera todo el proceso energético global. De este modo comienza un proceso destructivo en las células que con el tiempo se va extendiendo cada vez más y, si no se le pone límites, conduce con frecuencia a graves trastornos físicos y psíquicos. Mediante la ingestión de la proxeronina contenida en el noni, el organismo es capaz de sintetizar una cantidad suficiente de xeronina, la cual facilita el transporte de prácticamente todo tipo de sustancias vitales al interior de la célula y la expulsión de los productos de desecho del metabolismo intracelular.

El conocido médico y periodista científico estadounidense Neil Solomon ha llevado a cabo un análisis estadístico de las declaraciones de más de cincuenta médicos que han administrado noni a cientos de pacientes con fibromialgia. En la mayor parte de los enfermos, el noni mejoró en mayor o menor grado su estado tanto objetivo como subjetivo de salud, y todo ello sin ningún tipo de efecto secundario. La mayoría de las personas que no observaron mejoría en su estado fue porque habían tomado una cantidad de noni muy inferior a la recomendada por su terapeuta, según afirma el doctor Solomon.

En casi todos los casos los dolores se reducen de forma espectacular, aumenta la sensación de energía y la capacidad de rendimiento del organismo, el sueño vuelve a tener mayor capacidad reparadora y, aunque el noni no es una droga psicoactiva, permite que el propio organismo produzca neurotransmisores y que reaccione con sensibilidad a ellos, induciendo una sensación de bienestar físico y psíquico y un estado nervioso más estable.

Generalmente, el noni no interfiere con la acción de otros suplementos nutricionales ni medicamentosos. Sin embargo, su toma deberá espaciarse al menos treinta minutos con respecto a la toma de medicamentos químicos, cafeína, alcohol o alimentos en general.

La mejor forma de ingerir el producto es en forma de jugo puro, como el que comercializa en las herboristerías el laboratorio Tongil. Se tomará una cucharada sopera con el estómago vacío, media hora antes de desayuno, comida y cena. Este tratamiento puede prolongarse el tiempo que se quiera.

Los laboratorios Tegor presentan como producto específico para la fibromialgia el Fibration, cápsulas que contienen fosfato cálcico, carbonato de magnesio, cloruro potásico, citrato sódico, cloruro sódico, sauce *(Salix alba)* y 60 mg de noni. Se recomienda tomar de 3 a 6 cápsulas al día, antes de las comidas.

El fosfato cálcico, el magnesio y el potasio juegan un papel esencial en la contracción y relajación muscular. El Fibration de Tegor suplementa la dieta con estos nutrientes, ayudando a superar el dolorimiento muscular generalizado y la debilidad que produce la fibromialgia. El sodio, el potasio, el calcio y el magnesio son los cationes más abundantes del organismo, principalmente a nivel intracelular. Están distribuidos en huesos, tejidos blandos y líquidos biológicos, como sangre, líquido cefalorraquídeo, etc. Entre sus funciones destacan el activar un gran número de enzimas, como fosfatasas, fosfotransferasas y quinasas. Están íntimamente implicados en el metabolismo energético y la síntesis de macromoléculas como las proteínas. Intervienen en la excitabilidad del músculo y del nervio y son necesarios para la liberación y acción de diversas hormonas. Su deficiencia se manifiesta sobre todo en forma de alteraciones neuromusculares. La sinergia de acción producida entre estos cationes y el noni resulta muy positiva en la mejora de los síntomas de la fibromialgia, de modo que el Fibration resulta un producto muy interesante para el tratamiento de esta enfermedad y como terapia de mantenimiento una vez remiten los síntomas.

LA MACA

La maca *(Lepidium meyenni)* es una planta de la familia de las Brasicáceas que crece en las regiones centrales de los Andes, sobre todo en Perú y Ecuador, donde es utilizada tradicionalmente como alimento por su elevado valor nutricional y como energizante y estimulante tanto físico como psíquico.

Sus raíces tuberosas contienen, además de una alta concentración de proteínas y aminoácidos, sustancias de estructura compleja, como los esteroles, glucosinolatos y alcaloides, que actúan sobre el sistema hipotálamo-hipofisario estimulando la secreción de los factores de liberación que regulan la síntesis de las hormonas hipofisarias (FSH y LH).

La maca además ejerce una notable y apreciable mejoría en el estado de ánimo y en la sensación de debilidad, destacando por su acción defatigante y antiestrés, muy beneficiosa en el tratamiento de la fibromialgia y de la fatiga crónica.

En las herboristerías podemos encontrar el Enerplus de Laboratorios Tegor, un producto en comprimidos que aporta 100 mg de maca junto con 50 mg de *Eleuterococo* (otra planta energizante) y vitaminas B_3 y B_1. Se recomienda tomar de 2 a 4 comprimidos por día.

LA YUCA

La yuca *(Yucca schidigera)* es un árbol que crece en las zonas desérticas, principalmente en el suroeste de Estados Unidos. El tallo y la raíz se usan desde hace siglos en la herbolaria tradicional por los nativos americanos, que los emplean para tratar todo tipo de inflamaciones y dolores crónicos. Modernas investigaciones están aplicando la yuca en el tratamiento de la fibromialgia.

El extracto de yuca es rico en resveratrol y saponinas, y se cree que éstos son los principales agentes medicinales de esta planta. La yuca se comporta como un potente antioxidante natural que bloquea la síntesis de las sustancias proinflamatorias y responsables del dolor. Sus efectos analgésicos se han comprobado en el laboratorio.

En general se recomienda la ingestión de 2 gramos de raíz de yuca en cápsulas al día. En cantidades mayores puede provocar deposiciones blandas.

No se recomienda la toma continuada de yuca durante más de tres meses consecutivos, pues puede interferir con la absorción de vitaminas liposolubles. No se han descrito hasta ahora efectos adversos ni interacción de la yuca con otros medicamentos.

En las herboristerías podemos encontrar cápsulas de yuca como el Yucadol, de Laboratorios Masterdiet, de las que se recomienda tomar unas 3 al día en las principales comidas.

EL ALGA KLAMATH

Las algas verdeazuladas, cuyo nombre científico es *Aphanizomenom flos-aquae* (AFA), son muy abundantes en el lago Klamath, al sur del estado de Oregón, en Estados Unidos. Se trata de un ecosistema único de agua dulce rico en minerales, lejos de cualquier fuente habitual de contaminación. Las algas se multiplican cada cuatro días y se recogen diariamente; luego se filtran para eliminar el agua.

Entre las principales características nutricionales del alga Klamath destaca su alto contenido en proteínas (aproximadamente un 70 % de su peso). Más de la mitad son aminoácidos esenciales. Otro aporte nutricional importante es su riqueza en vitamina B_{12} (medio gramo de alga puede aportar el 100 % de la cantidad diaria recomendada de esta vitamina) y en carotenos (aproximadamente 0,5 mg por gramo de alga). El alga Klamath es también, dentro de las algas, la que tiene una mayor cantidad de clorofila.

Por otro lado, se atribuye la capacidad de mejorar el estado de ánimo y el tono general del organismo al contenido de una amina biológica, la feniletilamina de esta alga (aproximadamente 2 mg por gramo de Klamath). Y a su riqueza en ficocianina, un pigmento azulverdoso, se le atribuyen propiedades antiálgicas, pues disminuye las sensaciones dolorosas.

Por todo ello, el alga Klamath constituye un suplemento nutricional con capacidad para mejorar el bienestar físico y psíquico de los pacientes con fibromialgia.

En las tiendas de dietética podemos encontrar comprimidos a base de alga Klamath desecada que suelen contener unos 600 mg. Se recomienda tomar un comprimido antes de cada comida.

NUTRICIÓN ORTOMOLECULAR

El doctor estadounidense Linus Pauling, premio Nobel de Química en 1954, y premio Nobel de la Paz en 1962, especialista en Nutrición y Dietética y director del Instituto de Medicina Ortomolecular de Menlo Park, en California, afirmó siempre que la depresión y el dolor coexisten con frecuencia: «En ocasiones, la depresión se presenta como consecuencia de un cuadro doloroso. Otras veces, el dolor puede ser síntoma de una depresión o puede verse amplificado a causa de una depresión».

El análisis de las diferentes sustancias bioquímicas neurotransmisoras y neuromoduladoras implicadas en el dolor es uno de los campos de mayor amplitud y controversia en la investigación sobre la nocicepción o percepción dolorosa.

Las prostaglandinas (PG) y sus derivados (prostaciclinas, tromboxanos y leucotrienos), así como los radicales superóxido liberados en su síntesis, son productores de dolor. Son además mediadores comunes en la inflamación, pues en una gran mayoría de procesos dolorosos hay una inflamación asociada. Por otra parte, como ya vimos, la serotonina produce analgesia, mientras que su disminución baja el umbral de percepción del dolor y provoca hiperalgesia. Otras sustancias con propiedades analgésicas son las también mencionadas endorfinas. Estas dos últimas sustancias juegan también un papel relevante en la mejora del estado de ánimo.

Linus Pauling definió la medicina ortomolecular como «la preservación de la buena salud y el tratamiento de las enfermedades mediante la variación de las concentraciones en el organismo humano de las sustancias que normalmente están presentes en el mismo, como son las vitaminas, aminoácidos y minerales». En este capítulo se repasarán las distintas alternativas dentro de la nutrición ortomolecular para regular la bioquímica del dolor alterada que se da en la fibromialgia.

Se ha definido el dolor como la percepción sensorial desagradable que dice sentir o padecer el que lo refiere como suyo. Toda aproximación al complicado tema del tratamiento del síndrome fibromiálgico debe tener en cuenta la relativa importancia de cada uno de los factores que lo integran: la percepción del dolor, el miedo, el estrés, la depresión, el medio social en el que se desenvuelve el paciente, la alteración del sueño nocturno, etc., pero sobre todo la enfermedad o disfunción que lo origina, al diseñar un protocolo de suplementación. Como afirmaba Paracelso, «la naturaleza y la fuerza de la enfermedad han de ser investigadas en su origen, y no en sus signos... porque no debemos extinguir el humo del fuego, sino el fuego mismo».

Asimismo, debido a que es muy frecuente que se desarrollen estados de nutrición alterados en los pacientes con fibromialgia, parece aconsejable garantizar inicialmente una nutrición óptima antes de emplear otras terapias. De no ser así, es probable que no se cumplan las expectativas creadas sobre la virtud curativa de ciertas sustancias.

Un eminente especialista en nutrición, el doctor Roger J. Williams, profesor de bioquímica en la Universidad de Texas, fue uno de los primeros en demostrar con sus experimentos que muchas de las alteraciones físicas y psíquicas producidas por el síndrome fibromiálgico podrían evitarse por completo con una alimentación correcta. Al referirse a las características más comunes que aparecen con la fibromialgia, en particular el dolorimiento, la fuerza y resistencia disminuidas, insomnio, pérdida del deseo sexual, falta de interés por la comida y una tendencia creciente a sufrir complicaciones digestivas, genitourinarias, etc., no duda en afirmar: «Quisiera llamar la atención sobre el hecho de que cada uno de estos síntomas se relaciona probablemente con el fallo de las células y tejidos en un punto determinado del cuerpo, incapaces ya de cumplir de manera correcta su función, y también de que cada uno de estos fallos funcionales está vinculado con la alimentación recibida por esas células y tejidos...».

Los beneficios analgésicos de la nutrición ortomolecular se deben básicamente a la corrección de una deficiencia nutricional y a una acción bioquímica inhibidora o promotora sobre sustancias como las prostaglandinas, los leucotrienos y las endorfinas. Las prostaglandinas y los leucotrienos son compuestos producidos en el metabolismo de las grasas de nuestra dieta. Ambos compuestos pueden ser «buenos» o «malos». Las prostaglandinas y leucotrienos buenos son beneficiosos y constructivos para el organismo, mientras que «los malos» son muy destructivos, pues están implicados en el aumento de la incidencia de cáncer, enfermedad cardiovascular e inflamación.

Es interesante anotar que el consumo de altas cantidades de grasas saturadas eleva la producción de las prostaglandinas y leucotrienos malos, de ahí la recomendación de disminuir la ingesta de grasas animales y aumentar la de grasas insaturadas procedentes del pescado.

La aproximación nutricional en el tratamiento del dolor crónico de la fibromialgia debe incluir:

• Nutrientes que inhiben las citoquinas, prostaglandinas y leucotrienos «malos» que causan dolor e inflamación.
• Nutrientes que elevan las endorfinas, sustancias analgésicas naturales presentes en el cerebro.
• Nutrientes que intervienen en la reparación de los tejidos dañados por la rigidez y la inflamación.
• Nutrientes con acción antioxidante, pues la inflamación que daña los tejidos aumenta el número de radicales libres.
• Nutrientes que pueden ayudar a aliviar la depresión, el estrés y la ansiedad, con frecuencia asociados al dolor crónico de la fibromialgia.

Hoy día, siempre que se menciona la importancia de las vitaminas y su poder para reducir hasta en un 50 % la incidencia de ciertas enfermedades, se cita siempre al doctor Pauling, al igual que al hablar de los oligoelementos y la importancia de los ácidos grasos esenciales hay que nombrar sin remedio a la doctora Kousmine.

Es en esta área de la deficiencia de nutrientes en la que ha surgido quizá el método más promisorio, tanto para prevenir como para tratar la fibromialgia, y todo ello sin los altos riesgos de los efectos secundarios y la toxicidad inherentes a los fármacos empleados por la medicina oficial. Este método, denominado a partir de 1968 por Linus Pauling con el nombre de «Medicina ortomolecular» o «tratamiento bioquímico», consiste, como ya se ha mencionado, en el restablecimiento de la salud a través de la corrección de las concentraciones bioquímicas patológicas que aparecen en toda enfermedad.

El fin de la medicina ortomolecular es conservar una salud óptima y tratar las enfermedades variando las concentraciones de las sustancias que están presentes en el organismo y que son necesarias para una buena salud.

Así es como introdujo y acuñó Linus Pauling su nuevo y revolucionario concepto de la medicina, conocido en Estados Unidos desde hace casi treinta años. Cuando el doctor Pauling publicó sus primeras obras acerca de esta materia, alcanzó la suficiente resonancia como para provocar una agria polémica internacional en torno a este tema, y no sólo por sus resultados clínicos acerca de las vitaminas, sino por sus concepciones y planteamientos en general.

La idea de tratar a los enfermos restableciendo su equilibrio fisiológico mediante sustancias naturalmente presentes en el organismo suena demasiado «vanguardista» a los otros especialistas, y va contra corriente respecto a la concepción principal de la medicina oficial occidental: una enfermedad se cura con medicinas, y cuanto más agresivas mejor.

El «tratamiento bioquímico» de Pauling, por el contrario, trata las diversas patologías con nutrientes naturales, no con medicamentos; nutrientes que forman parte de nuestras células, del torrente vital que alimenta cada órgano, cada tejido y cada célula que forman nuestro organismo.

La ciencia de la nutrición ortomolecular nos enseña a restablecer la salud del enfermo ajustando la dieta y los nutrientes a la «individualidad bioquímica» de cada sujeto. Lo más importante es prevenir, aumentar las defensas naturales innatas de cada organismo, y si éste enferma, restablecer su equilibrio natural. En realidad, este concepto no hace otra cosa que recoger y ratificar la afirmación de Hipócrates de que «Tu medicina sea tu alimento, y tu alimento sea tu medicina».

Ante esta «provocación», la respuesta del resto de la ciencia oficial no se hizo esperar: se desautorizó públicamente a Linus Pauling en las más prestigiosas revistas médicas y se intentó invalidar los resultados de sus experimentos, a los que se llegó a calificar de fraude.

Pauling contraatacó denunciando el hecho, muy cierto por otra parte, de que la mayoría de los planes de estudio de las facultades de medicina no contempla ningún curso de nutrición ni acerca del papel curativo de las vitaminas y minerales. Aún hoy los médicos de los países occidentales sólo estudiamos en la asignatura de medicina interna o patología general las llamadas avitaminosis, es decir, lo que le ocurre al organismo en caso de que le falten por completo algunas vitaminas, pero no se nos enseña a emplear las vitaminas de forma profiláctica, como tratamiento preventivo de algunos cuadros patológicos como la depresión, el estrés, la fibromialgia o el cáncer.

Muchos médicos ni siquiera tienen la más mínima idea de lo importantes que pueden ser los oligoelementos, los ácidos grasos poliinsaturados, los antioxidantes o los bioflavonoides; quizá no saben ni lo que son. Recuerdo en concreto que en plenos años ochenta mi profesor de patología aún afirmaba desde su cátedra que era una tontería administrar suplementos vitamínicos de ningún tipo a los pacientes, porque las vitaminas así ingeridas no se absorben y se excretan tal cual por heces y orina, lo cual no deja de ser un tremendo disparate, teniendo en cuenta toda la bibliografía publicada ya en esa época que demostraba justamente lo contrario.

Por desgracia, la enseñanza moderna de la medicina en nuestras facultades está en este sentido totalmente desconectada de las enseñanzas tradicionales de la medicina clásica, que tanta importancia ha dado desde siempre a la dietética y la nutrición. No es sorprendente, pues, que con este bagaje formativo que recibimos los médicos en las universidades, las deficiencias de determinadas vitaminas y minerales se encuentren detrás de numerosos cuadros patológicos.

De acuerdo con un reciente estudio publicado en el *American Journal of Nutrition,* los médicos occidentales no son sólo unos ignorantes en cuanto a la nutrición, sino que su arrogancia obstaculiza la educación nutricional de la población. La mayoría de los médicos interpelados en este estudio acerca de las vitaminas y minerales pensaban que lo mejor era «comer bien», llevar «una dieta completa y variada», o como dice el refrán, «Las mejores vitaminas, jamón y gallina».

Esta extendida opinión de que si se come «correctamente»

no hacen falta suplementos nutricionales es un completo error en la actualidad. Al parecer, a la clase médica le cuesta comprender que hoy la mayoría de los vegetales, frutas y cereales se cultivan en terrenos carentes ya de todo nutriente natural y que han de ser fertilizados de forma química; estos fertilizantes artificiales no reemplazan en absoluto los minerales requeridos en la alimentación humana y, por otro lado, los diferentes procesos de conservación y cocinado a que sometemos a los alimentos acaban asimismo por privarlos totalmente de su aporte vitamínico.

A continuación, paso a exponer en los siguientes capítulos las vitaminas, minerales y aminoácidos que son necesarios aportar en caso de una fibromialgia.

VITAMINAS

Vitaminas del complejo B

Muchas vitaminas del complejo B protegen contra los daños que pueden sufrir los nervios y músculos y además tienen un efecto relajante. Estas cualidades son muy importantes para reducir el «agotamiento nervioso» que suele acompañar a la fibromialgia. También logran atenuar los síntomas más comunes de este síndrome, como son la ansiedad, la irritabilidad, la tensión y el insomnio.

Debido a que las deficiencias de cualquiera de las vitaminas del complejo B pueden provocar neuralgias y neuropatías, y debido a que los integrantes de dicho complejo colaboran estrechamente en su función, existe un argumento de peso para emplear el complejo B en la fibromialgia, e incluso para plantearse si, en algunos casos, el dolor se debe a una neuropatía nutricional por una deficiencia de alguna vitamina B.

En un estudio alemán, 1.149 pacientes con fibromialgia, en tratamiento con 234 médicos diferentes, recibieron varias dosis de una preparación del complejo B. La mayoría experimentaron claras mejorías en cuanto al dolor, la debilidad muscular y las parestesias. Tres semanas después de empezar el tratamiento, el 69 % de los pacientes experimentó una notable reducción en el dolor y también el resto de los síntomas mejoró.

La suplementación con tres miembros del complejo vitamínico B (tiamina, vitamina B_6 y vitamina B_{12}), puede reducir el dolor de la fibromialgia en un gran número de casos. Aparte de su efecto individual (que comentaré un poco más adelante), parece que su combinación suprime la transmisión nociceptiva o de percepción dolorosa a nivel de la médula espinal.

Esta conclusión es coherente con los resultados obtenidos de un estudio a doble ciego de 376 pacientes de fibromialgia con dolor crónico a nivel lumbar en los que se investigó la suplementación con estas tres vitaminas como adyuvantes del diclofenaco, un antiinflamatorio no esteroideo. Se halló que el efecto de la combinación de las vitaminas con el fármaco era significativamente superior en los pacientes con dolor intenso.

De manera similar, en un estudio a doble ciego en pacientes con un síndrome fibromiálgico amplio, se halló que, después de seis meses, los pacientes que recibieron suplementación presentaban una mejoría significativa de su estado psicosomático, mayor grado de movilidad y una tasa de recidivas del dolor disminuida a la mitad. En los pacientes que no experimentaron recidivas, la condición clínica tendió a mejorar con el tiempo en el grupo que siguió recibiendo suplementación con el grupo B, mientras que tendió a deteriorarse en el grupo que ingirió un placebo.

Como hemos comentado antes, no se pueden conseguir niveles terapéuticos de las vitaminas del complejo B sólo a partir de los alimentos. Por otro lado, hay que advertir que una prolongada ingestión de forma individual de cualquiera de las vitaminas que integran el complejo B puede provocar un desequilibrio de las otras. Así pues, si queremos optimizar su ingesta y evitar cualquier efecto indeseable, siempre deberemos acompañar a la toma de cualquier vitamina B individual un complejo B general al menos en bajas dosis.

Tanto en las farmacias como en las herboristerías podemos encontrar todo el complejo B, o bien las B_1, B_6 y B_{12} combinadas. La dosis variará según los casos.

Vitamina B_1 (tiamina)

Este nutriente desempeña un papel muy importante en el buen funcionamiento del sistema nervioso. Algunos de los síntomas causados por una deficiencia en vitamina B_1 son irritabilidad, nerviosismo y depresión.

Cuando hay deficiencia de tiamina, los resultados de los ensayos abiertos sugieren que la suplementación puede ser de gran ayuda en ciertos casos de fibromialgia, en especial cuando existe neuralgia facial y dolores cervicobraquiales.

Las dosis masivas intravenosas de tiamina suprimen la

transmisión nerviosa del estímulo a los músculos esqueléticos al producir un bloqueo ganglionar. En un ensayo abierto, se administraron de 1 a 2 gramos de clorhidrato de tiamina una o dos veces al día a 133 pacientes con fibromialgia que no encontraban alivio con analgésicos ni con la terapia física. El 78 % de los pacientes con cefalea mejoraron, así como el 71 % de los pacientes con dolor de columna y articulaciones y el 63 % de los pacientes que presentaban algias generalizadas. Cinco de los pacientes se quejaron de náuseas. El resto ningún efecto secundario.

En un estudio en el que participaron 49 mujeres y cuatro varones con fibromialgia, se midió la acción de las enzimas dependientes de la tiamina, y se comprobó una reducción en la afinidad de la enzima transcetolasa por el pirofosfato de tiamina. Los resultados sugieren que en la fibromialgia existe un estado nutricional de la tiamina deteriorado que no está relacionado con el dolor, pues los pacientes con dolor osteoarticular no presentan esta alteración.

En otro estudio se observó que 20 de 21 pacientes con fibromialgia obtuvieron buenos resultados con la suplementación de 50 mg de pirofosfato de tiamina por vía intramuscular tres veces a la semana durante seis semanas, mientras que la administración de 100 mg de hidrocloruro de tiamina intramuscular tres veces a la semana durante seis semanas resultó eficaz en cinco de 13 pacientes. El hecho de que se produzca una mejor respuesta clínica al pirofosfato de tiamina sugiere que estos pacientes tienen un metabolismo de la tiamina alterado en vez de una deficiencia dietética de la misma. En este sentido, la suplementación combinada con vitamina B_6 puede ser de gran ayuda para normalizar el metabolismo de la tiamina. Asimismo, las enzimas dependientes de la tiamina también requieren un aporte adecuado de magnesio.

En las farmacias podemos encontrar grageas de 100 mg, comprimidos de 300 mg y ampollas para inyección intramuscular con 100 mg de vitamina B_1. En las herboristerías tenemos cápsulas y comprimidos de 100 y de 500 mg. La ingesta recomendada oscila entre 100 y 500 mg al día, tomados con las comidas. Se vuelve a advertir que siempre que se suplemente con alguna de las vitaminas del complejo B, de forma individual y durante períodos prolongados, será conveniente acompañarla del complejo B completo para evitar desequilibrios en el resto de las vitaminas.

Vitamina B_3 (niacina / niacinamida)

Esta vitamina, al igual que el aminoácido triptófano a partir del cual se puede llegar a sintetizar, puede tener propiedades calmantes por su actividad en el cerebro. Su deficiencia produce irritabilidad, inestabilidad emocional, depresión, fatiga, anorexia, insomnio y dificultad para mantener la atención, la concentración o el esfuerzo físico. En ocasiones un estado confusional agudo puede dominar el cuadro.

Entre las precauciones a tomar antes de su ingestión hay que advertir que la niacina puede producir un enrojecimiento temporal de la piel, caracterizado por calor y picazón. Hay que ingerir siempre la niacina con el estómago lleno, pues de lo contrario las reacciones molestas a nivel digestivo pueden acentuarse.

La suplementación prolongada o en dosis elevadas de B_3 requiere un estrecho control por parte del médico, ya que se precisarán analíticas periódicas para monitorizar la función hepática, en especial en personas con riesgo de padecer patologías de hígado. También hay que controlar el ácido úrico en sangre, pues éste compite con el ácido nicotínico en la excreción renal, y la suplementación con niacina en pacientes hiperuricémicos puede precipitar un ataque de gota.

En las farmacias no se encuentra la niacina aislada; en las herboristerías podemos obtener cápsulas y comprimidos de 100 y de 500 mg. La ingesta recomendada oscila entre 100 y 500 mg al día, con las comidas.

Vitamina B$_5$ (ácido pantoténico)

Recibe a veces el nombre de «vitamina antiestrés». El ácido pantoténico es esencial para que el cuerpo produzca hormonas suprarrenales. Si su ingestión es insuficiente para compensar los niveles de hormonas consumida durante el estrés, se reduce la producción de hormonas (las investigaciones también indican que se puede llegar a una atrofia de la glándula suprarrenal). El ácido pantoténico (pantenina) resulta, por tanto, de gran valor para reducir el riesgo de agotamiento suprarrenal en casos de estrés crónico, tan frecuentes en la génesis de la fibromialgia.

La evidencia indica que la función de la corteza adrenal está comprometida en el caso de una deficiencia de los derivados y metabolitos de la vitamina B$_5$. Por otra parte, la administración de pantetina en varios modelos animales experimentales pareció potenciar la función de la corteza adrenal.

Asimismo la administración de pantetina en humanos con una variedad de condiciones clínicas amortiguó la esperada elevación de los metabolitos urinarios del cortisol que seguiría a una dosis de carga de ACTH, la hormona del estrés. Esto sugiere que la pantetina puede frenar la hipersecreción de cortisol en condiciones de fuerte estrés.

Su deficiencia conduce a una atrofia adrenal, caracterizada por dolor de cabeza, fatiga, alteraciones del sueño, náuseas y malestar abdominal.

En cuanto a las precauciones respecto a su ingesta, no existen efectos tóxicos conocidos derivados del ácido pantoténico en suplementos, aunque algunas personas pueden sufrir diarreas al ingerir dosis mayores de 2 g diarios.

En las tiendas de dietética podemos adquirir cápsulas y comprimidos de ácido pantoténico de 200 y 550 mg. La dosis recomendada en caso de fibromialgia oscila entre 200 y 1.000 mg al día, con las comidas.

Vitamina B_6 (piridoxina)

Esta vitamina cumple dos funciones muy importantes en relación con la fibromialgia. En primer lugar, es necesaria para la producción de hormonas en las glándulas suprarrenales. Cuando los niveles de estas hormonas descienden por un estrés crónico, aumentan las necesidades de vitamina B_6. En segundo lugar, es vital para el adecuado funcionamiento del sistema nervioso. Un nivel bajo de piridoxina conduce a la reducción de la producción o de la actividad de varios neurotransmisores, lo cual se traduce en depresiones, nerviosismo, insomnio, confusión mental e irritabilidad.

Como ya vimos, la vitamina B_6 es necesaria para la conversión del triptófano de la dieta en serotonina, un neurotransmisor que modula la percepción del dolor y que se halla muy disminuido en los pacientes aquejados de fibromialgia. Esta vitamina puede ser especialmente beneficiosa en estos enfermos, pues su deficiencia tiende de forma selectiva a reducir la producción de serotonina y GABA, mientras que su administración puede aumentar la producción de estos neurotransmisores tan implicados en la percepción del dolor.

En un estudio se ha relacionado una leve deficiencia de piridoxina con una mayor susceptibilidad a sufrir estrés psicológico. Hace ya veinticinco años, Lindenbaum y Mueller se refirieron a esta vitamina como un «factor antiestrés», y hablaron de que la vitamina B_6 podría bloquear los síntomas del estrés emocional.

Los pacientes con fibromialgia ingieren en general menos vitamina B_6 de la recomendada. No sólo hay niveles plasmáticos disminuidos de esta vitamina, sino que estos niveles tienen una relación inversa con el grado de dolor percibido.

Sin embargo, cuando los fibromiálgicos con niveles bajos de piridoxina fueron tratados con 150 mg diarios de clorhidrato de piridoxina durante tres meses, no se observó una mejoría clínica, a pesar del gran aumento en los niveles plasmáticos. Algunos enfermos tienen dificultad para convertir la piridoxina en su forma metabólicamente activa, el piridoxal-5-fosfato, de forma que la administración de esta última puede ser lo más recomendable.

Recordemos que para convertirse en la coenzima piridoxal-5-fosfato, la piridoxina dietética es convertida por una quinasa en piridoxina-5-fosfato, y entonces una enzima que contiene riboflavina (B_2) la oxida. Por lo tanto, una deficiencia de riboflavina puede causar un síndrome idéntico al causado por una deficiencia de vitamina B_6.

También la suplementación de tiamina (vitamina B_1) combinada con vitamina B_6 puede ser de ayuda para normalizar el metabolismo de la tiamina en pacientes con fibromialgia.

En cuanto a las precauciones, no hay que ingerir nunca más de 250 mg al día de vitamina B_6, pues puede provocar alteraciones neurosensoriales.

La ingesta recomendada es de 50 a 200 mg al día, preferiblemente en forma de piridoxal-5-fosfato, con las comidas. En las tiendas de dietética tenemos cápsulas con 50 y 100 mg de B_6 y comprimidos de 50 mg de piridoxal-5-fosfato (P-5-P).

Vitamina B_9 (ácido fólico)

La deficiencia de ácido fólico puede producir insomnio y apatía. En un estudio se evidenció que las personas con un elevado nivel de ácido fólico disfrutan de una vida emocional equilibrada, mientras que los niveles bajos se caracterizan por la aparición de depresiones.

Investigadores del Hospital General de Massachusetts, en Boston, realizaron un estudio en el que intervinieron 300 personas aquejadas de fibromialgia. Aquellas que tenían niveles más bajos de folato estaban más predispuestas a sufrir depresión melancólica y respondían menos eficazmente al tratamiento con analgésicos y antidepresivos.

En las farmacias contamos con numerosos preparados a base de ácido fólico, en forma de ampollas, cápsulas y comprimidos. La ingesta recomendada oscila ente 500 y

2.000 mg al día, con las comidas. Su toma debe combinarse con la de la vitamina B_{12} en una proporción de 1 a 1.

Vitamina B_{12} (cobalamina)

Esta vitamina es necesaria para proteger las terminaciones nerviosas, por lo que una deficiencia duradera puede dañar los nervios. Según diversos estudios, los niveles reducidos de cobalamina se han relacionado también con depresión, irritabilidad, ansiedad, confusión y malestar.

Cuando se suministra vitamina B_{12} junto con vitamina B_6 se inducen secreciones de serotonina cerebral que tienen efectos calmantes y disminuyen el nerviosismo, la ansiedad y la percepción del dolor. Se ha observado que la administración oral de vitamina B_{12} a ratas tiene un efecto analgésico dependiente de la dosis. En un ensayo abierto, las inyecciones diarias de 5.000 mg de hidroxicobalamina redujeron el dolor en todos los sujetos excepto en diez de un grupo de 400 pacientes con fibromialgia. En general, las inyecciones de vitamina B_{12} son de gran ayuda para reducir el dolor y los síntomas subjetivos asociados a él que se dan en el síndrome fibromiálgico.

El estrés provoca una alteración del ritmo circadiano de secreción de cortisol. Un método efectivo para regular el ritmo circadiano humano, tan alterado en la fibromialgia, es el uso de una combinación de exposición a luz brillante y metilcobalamina. Se cree que la B_{12} ayuda a la luz brillante reajustando el ritmo circadiano, potenciando la sensibilidad de nuestro reloj interno.

La metilcobalamina también parece favorecer la calidad del sueño y reduce el insomnio.

Quizás el mayor efecto de la vitamina B_{12} como suplemento en personas con el ritmo circadiano alterado como consecuencia del estrés emocional puede ser su impacto sobre el cortisol. Aunque la metilcobalamina no afecta a los niveles totales de cortisol, la evidencia sugiere que puede ayudar a modificar el pico de secreción de cortisol, ayudando a volver a poner en hora al reloj interno que lo rige. Una combinación de exposición a la luz solar temprana (de 8 a 10 de la mañana) y una dosis oral de 3 mg de metilcobalamina diarios parece ser un régimen razonable a considerar para tratar los ritmos circadiano alterados en la fibromialgia.

La ingesta recomendada es de 500 a 3.000 mg al día, con las comidas. En las farmacias la podemos obtener en forma inyectable o para su ingestión oral. En las tiendas de dietética tenemos cápsulas y comprimidos de 100, 500 y 1.000 mg.

Vitamina C

También llamada ácido ascórbico, se encuentra en grandes cantidades en las glándulas suprarrenales. Se ha visto que los niveles de vitamina C se reducen de forma significativa en las personas con fibromialgia. Esto sugiere que estos pacientes necesitan tomar más vitamina C para mantener los niveles adecuados.

Se ha demostrado repetidamente que la suplementación con megadosis de vitamina C disminuye el dolor y las molestias musculares de la fibromialgia, aunque aún no se ha descubierto cuál es el mecanismo de acción.

La vitamina C tiene un efecto fortalecedor sobre las paredes de los vasos sanguíneos, mejora la circulación arterial, y estimula el sistema inmunitario, acelerando la producción de interferón y la actividad de los glóbulos blancos y de los anticuerpos. Para las personas que sufren fibromialgia, la vitamina C es especialmente importante, ya que las hormonas segregadas por las glándulas suprarrenales durante el estrés que acarrea la enfermedad debilitan la actividad del sistema inmune. En un estudio de la Universidad de Alabama los científicos han comprobado que la vitamina C reduce de manera significativa los niveles de las hormonas del estrés en la sangre y también reducen otros indicadores de estrés físico y emocional, incluyendo cambios en las glándulas adrenales, timo y bazo. Este estudio indica que las altas cantidades de vitamina C pueden aportar significativos beneficios al potenciar la capacidad del sistema inmune para combatir el estrés asociado a la fibromialgia.

La ingesta recomendada oscila entre 500 mg y 10 g al día, repartidos en distintas tomas a lo largo de la jornada. La dosis adecuada a cada caso deberá establecerla el facultativo.

Vitamina E

Los niveles de vitamina E en sangre disminuyen en las ratas cuando se las somete a un estrés emocionalmente doloroso.

Como los AINE (antiinflamatorios no esteroideos), la vitamina E parece ser un inhibidor de las prostaglandinas. Cuando se combinó la aspirina con vitamina E, la inhibición de la formación de la prostaglandina E aumentó de un 59 % a un 95 %. Según estos resultados, la coadministración de vitamina E con un AINE hace más efectiva la inhibición de la ciclooxigenasa-2 (una enzima proinflamatoria) por mecanismos aún desconocidos. Por lo tanto, la terapia antiinflamatoria de la fibromialgia puede tener más éxito si añadimos vitamina E a la aspirina o al paracetamol.

En dos estudios a doble ciego, la vitamina E (600 mg al día) resultó significativamente más efectiva que el placebo para conseguir aliviar el dolor de pacientes con fibromialgia. También se halló que en dosis de 600 UI, tres veces al día, era tan efectiva como el diclofenaco o el ibuprofeno, dos AINES de uso común.

La fibromialgia es frecuente entre las mujeres menopaúsicas, época en la que, en especial si se administran estrógenos, las necesidades de vitamina E aumentan considerablemente. En estas mujeres, aunque la concentración sanguínea de vitamina E sea normal, su utilización por el organismo es deficitaria, por lo cual la suplementación puede resultar beneficiosa.

En un estudio en el cual se administraron 100 mg de una mezcla natural de tocoferoles (la vitamina E natural es el D-alfa-tocoferol) tres veces al día después de las comidas a 300 pacientes de mediana edad con fibromialgia, en los cuales la sedación con un barbitúrico no había sido efectiva, la suplementación con vitamina E resultó eficaz en la mayoría de los casos. Una vez se obtuvo la curación clínica, se administró una dosis de mantenimiento de 150 mg en la mayoría de los pacientes y en algún casos se tuvo que mantener la dosis de 300 mg al día de manera indefinida, sin que aparecieran efectos no deseados excepto molestias gástricas en raras ocasiones.

En caso de hipertensión arterial hay que comenzar administrando 100 UI de vitamina E (dosis mayores pueden elevar la tensión) e ir aumentando la dosis mensualmente, si la respuesta es buena, hasta llegar a las 600 UI al día en hombres y 400 UI al día en las mujeres.

La ingesta recomendada en casos de fibromialgia oscila entre 200 y 2.000 UI al día, y se recomienda combinarlos con entre 100 y 200 mg de selenio.

Algunos laboratorios presentan la vitamina E en forma de mg y otros en forma de UI, la equivalencia es la siguiente:

1 mg D-alfa-tocoferol (vitamina E natural) = 1,49 UI
1 UI D-alfa-tocoferol (vitamina E natural) = 0,67 mg

MINERALES

Calcio

El calcio interviene en la transmisión del impulso nervioso, al trabajar junto con el magnesio en la contracción y relajación del músculo; regula la excitabilidad de los nervios y músculos; previene y alivia la ansiedad; promueve el bienestar mental; favorece el sueño; regula el ritmo cardíaco y previene la excesiva acidez o alcalinidad de la sangre.

Hay que administrar dos partes de calcio por una de magnesio y 2,5 partes de calcio por una de fósforo para mantener un correcto equilibrio mineral en el organismo.

La ingesta recomendada es de 800 a 1.000 mg al día, con las comidas o media hora antes de acostarse.

Cobre

En condiciones experimentales se ha demostrado que la deficiencia de cobre disminuye los niveles de encefalina, afectando así al control endógeno de la percepción del dolor. A la inversa, la inyección intracerebral de ión cúprico dio lugar a una analgesia intensa y mostró una potencia próxima a la de la morfina.

En un estudio se observó una exacerbación de la inflamación en animales con una dieta deficiente en cobre. La suplementación con cobre tiene un efecto antiinflamatorio que parece estar relacionado con su capacidad para formar complejos que actúan como antioxidantes selectivos, y reducen la inflamación debida al daño causado por la oxidación. Estos complejos también parecen activar los receptores de opioides dependientes del cobre, que disminuyen la sensación de dolor.

El cobre es uno de los componentes, junto con el zinc, de un tipo de superóxido-dismutasa (SOD cobre-zinc). Su deficiencia puede producir una sensibilidad significativa a la lesión por radicales libres como resultado de la disminución de los niveles de SOD.

Un estudio simple ciego y cruzado en el que participaron 240 sujetos que padecían fibromialgia, reveló que la aplicación tópica de cobre elemental al llevar puesto un brazalete de cobre aliviaba los síntomas clínicos. Cuando usaron el placebo estos pacientes empeoraron de nuevo.

El cobre es necesario en la síntesis del tejido conectivo, participa en la formación de las vainas mielínicas de los nervios, interviene en el metabolismo de las catecolaminas y en la fosforilación oxidativa para la formación de ATP, estimula la capacidad inmunitaria del organismo y actúa como antiinflamatorio y antioxidante, de modo que se explica perfectamente su efecto de alivio de los síntomas dolorosos y nerviosos de la fibromialgia.

La ingesta recomendada es de 3 a 8 mg de cobre quelado al día. En algunos casos de fibromialgia serán necesarios de 4 a 8 mg al día para conseguir el alivio de los síntomas, luego se deberá reducir a una dosis de mantenimiento de 3 a 4 mg al día.

Cromo

Este oligoelemento es un componente esencial del FTG (factor de la tolerancia a la glucosa). Se sabe que contribuye a equilibrar los niveles de azúcar sanguíneo y que favorece un metabolismo eficaz de la glucosa (el cerebro depende en gran medida de la glucosa como fuente de energía). Al regular los niveles de glucosa en el organismo, puede prevenir la liberación anormal de una serie de hormonas (por ejemplo cortisol, adrenalina, glucagón) que, en concentraciones excesivas, como ocurre en muchos casos de fibromialgia, pueden producir inestabilidad emocional, mareos, falta de energía física y psíquica, etc. El cromo también aumenta la sensibilidad a la insulina, la cual influye sobre la función cerebral regulando la captación de la glucosa y de los aminoácidos (que actúan como precursores de neurotransmisores tales como la serotonina y la dopamina).

Es importante no confundir el cromo trivalente (utilizado en suplementación natural) con el hexavalente o el cromato, que son formas minerales de uso industrial, y cuya exposición crónica puede provocar graves trastornos de la salud, como por ejemplo daños hepatorrenales, cáncer, etc.

La ingesta recomendada es de 200 a 400 mg al día con las comidas, preferentemente en forma de picolinato de cromo.

Son buenas fuentes de aporte de cromo al organismo las siguientes y por este orden:

- El berro. Su contenido en cromo es doce veces mayor que la media entre los vegetales.
- Las algas marinas, sobre todo las del género laminaria y los sargazos.
- Las hojas de olivo, de eucalipto, las aceitunas y la alfalfa.
- Todas las hortalizas de hoja verde y frutos cítricos, sobre todo las espinacas, el limón y el pomelo.
- Algunas raíces de plantas consideradas medicinales (diente de león, bardana, eleuterococo, ginseng, etc.).

Germanio

Es un curioso oligoelemento muy parecido a su pariente químico más cercano, el silicio, el cual actúa como energizante cerebral pero sin efectos excitantes. A pesar de que el germanio fue descubierto en el siglo XIX, no fue utilizado en nutrición hasta mediados del siglo XX, en que se logró sintetizar un compuesto de germanio orgánico hidrosoluble que resultara atóxico, y al que se denominó Ge-132. El padre de estas investigaciones fue el profesor Kazuhiko Asai, de la Universidad de Tokio, quien descubrió que el carbón vegetal era muy rico en germanio, metal que también halló en plantas medicinales y otros vegetales y alimentos.

Desde 1886 en que fue descubierto por el químico alemán Winkler, quien lo bautizó con el nombre de su país natal, el germanio sólo había sido usado con fines industriales. A partir de 1968 el doctor Asai fundó el Asai Germanium Research Institute para profundizar en las aplicaciones de este metal en la salud y la nutrición humanas.

El germanio se encuentra en pequeñas cantidades en muchos alimentos naturales como brotes de bambú, hígado de pescado, cereales integrales, algas, remolacha, alfalfa, rábanos y ciertas plantas medicinales, como el diente de león, el ginseng, eleuterococo, el aloe vera, etc.

En experimentos realizados en enfermos de fibromialgia, el germanio ha mostrado una potente acción de aumento de la oxigenación celular, que causa una disminución de la sensación de agotamiento psíquico y físico y produce una sensación de energía y bienestar, pues en todos los estudios realizados con pacientes humanos el germanio ha demostrado ejercer una notable acción antidepresiva y antiestrés.

El germanio utilizado en tales experimentos es germanio orgánico extraído de materias vegetales, el Ge-132, el único totalmente inocuo para el ser humano. También se ha comprobado que en estado líquido el cuerpo humano lo absorbe mejor, y sus efectos son mayores. En las tiendas de dietética es posible encontrar este germanio líquido en ampollas, de las que se recomienda tomar una diaria en ayunas. No tiene efectos secundarios.

Magnesio
La deficiencia de magnesio se asocia con calambres del músculo liso y del estriado, y causa una amplia variedad de

síndromes dolorosos, muy especialmente en la fibromialgia. Además, el umbral del dolor disminuye, y experimentos recientes con animales sugieren que un déficit de magnesio puede causar hiperalgesia debido a su efecto sobre los receptores NMDA (N-metil-D-aspartato).

El magnesio produce una «relajación» de los nervios, algo fundamental para el sistema nervioso. Esto tiene gran valor en el caso del estrés crónico producido por la fibromialgia, cuando los nervios se encuentran en estado de excitación constante. Los estudios sobre los efectos del magnesio han demostrado que contribuye sustancialmente a reducir la ansiedad diurna, además de mejorar los esquemas de sueño nocturno. El magnesio también relaja los músculos, lo que ayuda a reducir la rigidez y la tensión muscular que caracterizan la fibromialgia.

El magnesio interviene también en la liberación de energía, lo cual puede ayudar con la fatiga de la fibromialgia. La carencia de magnesio ocasiona irritabilidad, ansiedad, depresión, disfunciones circulatorias, insomnio, nerviosismo y espasmos musculares.

Estudios a doble ciego han revelado de que la suplementación con magnesio puede ser eficaz para el tratamiento de la fibromialgia, pues tanto este cuadro como la deficiencia de magnesio se pueden asociar con mialgias, fatiga, trastornos del sueño y ansiedad. Se ha postulado que la fibromialgia se debe a una hipoxia crónica causada sobre todo por un aumento de la gluconeogénesis junto con una degradación de las proteínas musculares, debido a una deficiencia de oxígeno y de otras sustancias necesarias para la síntesis de ATP. La falta de magnesio provocaría una ralentización de la cadena respiratoria y una disminución de la eficacia para transferir los equivalentes reductores del citoplasma celular a la mitocondria.

Las concentraciones de magnesio en los eritrocitos de pacientes que sufren de fibromialgia son en ocasiones significativamente inferiores a las de los individuos sanos, mientras que los niveles de magnesio en los leucocitos son más altos. Las concentraciones de magnesio plasmático, que son indicadoras menos sensibles del nivel de magnesio orgánico, suelen ser normales.

En las sociedades occidentales la deficiencia severa de magnesio es poco común, pero los desequilibrios dietéticos provocados por ejemplo por elevadas ingestas de grasa o calcio en la dieta pueden agudizar un aporte inadecuado, especialmente en la fibromialgia, y su suplementación en estos pacientes suele aliviar la sintomatología.

De ingerir un suplemento de magnesio, es necesario mantener la proporción de dos partes de calcio por una de magnesio para respetar el correcto equilibrio mineral del organismo.

La ingesta recomendada es de 400 a 750 mg al día, con las comidas o media hora antes de acostarse.

El magnesio también abunda en los alimentos. Al formar parte de la molécula de clorofila, se encuentra en todas las plantas verdes y muy especialmente en:

- Cacao en polvo y chocolate.
- Nueces, almendras y cacahuetes.
- Soja.
- Leguminosas (judías, lentejas y garbanzos).

- Granos de cereales.
- Mariscos.

Molibdeno

El molibdeno es una coenzima de distintas enzimas tanto del reino vegetal como animal. Actúa como catalizador permitiendo o acelerando diversas reacciones enzimáticas, y es necesario para la síntesis de cuatro enzimas de desintoxicación. Se ha teorizado que, al interferir con la actividad de la enzima de desintoxicación sulfitooxidasa (que requiere molibdeno), una deficiencia de este mineral podría aumentar el riesgo de desarrollar síntomas fibromiálgicos debido a la toxicidad del dióxido de sulfuro y de los sulfitos de la dieta.

También, en un estudio cruzado a doble ciego, 14 personas con fibromialgia puntuaron su nivel de dolor y malestar durante 28 días. En el plazo de una semana después de haber iniciado la ingesta de molibdeno, se aliviaron significativamente las molestias y los dolores, y mejoraron los valores de salud general. Al interrumpir la ingesta de molibdeno después de haberlo tomado durante 28 días, los efectos beneficiosos del suplemento desaparecieron en el espacio de una semana.

Así pues, parece prudente recomendar un aporte de molibdeno a nuestros pacientes con fibromialgia, siendo la ingesta recomendada de 300 mg al día durante dos meses, para continuar luego con 200 mg otros dos meses más.

Son buenas fuentes de aporte de molibdeno al organismo las siguientes por este orden:

- El pescado, sobre todo los túnidos (atún, bonito, caballa). También son ricos en molibdeno la sardina, el boquerón, el salmón y el pez espada.
- El hígado de animales.
- El huevo, principalmente la clara.
- Las leguminosas (lentejas, guisantes, soja, judías, garbanzos).
- Las plantas de la familia de las crucíferas (rábano, nabo, col de Bruselas, colza, col, repollo, brécol).
- Los moluscos y crustáceos (caracol, almejas, ostras, vieiras y mariscos en general, en especial los cangrejos marinos y las gambas).
- Las algas marinas, sobre todo las del género *Laminaria*.

MSM (metilsulfonilmetano)

Es una forma de azufre orgánico, también conocido como dimetil-sulfonil-oxígeno ($DMSO_2$). El MSM contiene un 34 % de azufre elemental. El azufre es necesario para la formación de los aminoácidos metionina y cisteína, ambos necesarios para la síntesis de cartílago. También se ha demostrado que el MSM actúa a menudo como un calmante del dolor, de modo que los médicos pueden incluso reducir la dosis de fármacos analgésicos que prescriben a sus pacientes con fibromialgia.

La capacidad analgésica del MSM se debe a su poder para:

- inhibir los impulsos dolorosos que circulan a lo largo de las fibras nerviosas;
- reducir la inflamación;

- promover la circulación, lo cual favorece la recuperación y regeneración de los tejidos;
- reducir los espasmos musculares.

Aunque reduce efectivamente el dolor y la inflamación, el MSM no produce los efectos secundarios gastrointestinales asociados con los medicamentos antiinflamatorios convencionales.

A pesar de todo ello, el mecanismo exacto de actuación del MSM en la fibromialgia se desconoce, pero la evidencia para apoyar su suplementación como tratamiento efectivo del cuadro es muy convincente.

La administración de azufre en forma de baños azufrados es un remedio antiguo, y muchos balnearios de aguas azufradas deben su reputación a este hecho. Los baños en centros termales ricos en azufre pueden ser de gran ayuda en el tratamiento de la fibromialgia, ya que el azufre se absorbe a través de la piel. En un estudio a doble ciego se analizaron los efectos de los baños de barro con presencia o ausencia de compuestos azufrados. Los pacientes con fibromialgia que tomaban baños de azufre experimentaron una disminución significativa en la sensibilidad al dolor. Cuantas más veces tomaban estos baños los pacientes, mayor era su mejoría.

Un estudio reciente a doble ciego con pacientes de fibromialgia, desarrollado en la Escuela de Medicina de la Universidad de California, en Estados Unidos, encontró una reducción del 82 % del dolor tras la administración durante seis semanas de MSM oral.

La causa exacta de la fibromialgia se desconoce, y desde

luego el MSM no es una cura. Sin embargo, existen múltiples informes de personas que sufren fibromialgia y que refieren sentir un gran alivio con la suplementación de su dieta con MSM. El mecanismo exacto para este efecto tan positivo no está del todo claro, aunque los efectos analgésicos y antiinflamatorios del MSM, combinados con su capacidad para mejorar el riego sanguíneo, son probablemente responsables en parte.

El MSM está contraindicado en embarazadas y madres en período de lactancia, niños menores de dos años y en pacientes en tratamiento con anticoagulantes.

Altas dosis de MSM pueden provocar molestias gastrointestinales o aumento de la evacuación intestinal. Si esto ocurre, debe reducirse la dosis o suspender el tratamiento si es necesario. Se recomienda ingerir el suplemento junto con alimentos para evitar las referidas molestias digestivas y para optimizar su absorción.

La ingesta recomendada oscila entre 500 y 5.000 mg al día, dependiendo de la severidad de los síntomas. Como mantenimiento general se recomienda de 500 a 2.000 mg al día y en condiciones de dolor crónico intenso pueden tomarse hasta 6.000 mg diarios, siempre con las comidas (preferiblemente con el desayuno y la comida del mediodía).

Selenio

Los pacientes con fibromialgia pueden presentar niveles sanguíneos reducidos de glutatión peroxidasa, la principal enzima que nos protege de la oxidación. La suplementación combinada de selenio y vitamina E ha demostrado elevar los niveles de glutatión peroxidasa sérica en varios grupos de fibromiálgicos, asociada a una reducción significativa del dolor y las molestias asociadas.

Aunque aún no se han documentado los efectos de la suplementación aislada de selenio en la fibromialgia, sí se ha combinado con vitamina E en dos estudios. La razón es que como sus mecanismos de acción están íntimamente relacionados, los síndromes deficitarios de estos dos nutrientes se solapan, y la mayoría pueden ser tratados con éxito con cualquiera de los dos. La vitamina E y el selenio actúan en sinergia por su poder reductor como detoxicante frente a radicales libres o iones superóxidos.

La administración de selenio de forma que se incorpore a la glutatión peroxidasa e incremente la eficacia de la enzima puede, teóricamente, conducir a un metabolismo acelerado del oxígeno tóxico. En un estudio a doble ciego, a los pacientes de fibromialgia que recibían medicación y ácidos grasos de aceite de pescado se les administró de forma aleatoria suplementación con selenio o placebo durante tres meses. Los pacientes que recibieron suplementación con selenio sentían menos dolor y un mejor estado general y requerían menor dosis de antiinflamatorios.

Los estudios clínicos todavía no han permitido demostrar claramente que el aporte complementario de selenio mejore por sí solo los signos y síntomas de la fibromialgia; con todo, este aporte parece ser conveniente debido al aumento de la demanda de selenio durante la enfermedad y la acción sinérgica del selenio con otros mecanismos antioxidantes.

Lo que sí está demostrado es que una ingesta inadecuada de selenio puede producir dolor muscular, y que los niveles de selenio son bajos en muchos pacientes de fibromialgia.

Existe también cierta evidencia de que los «dolores del crecimiento» en los niños (que a veces adoptan la forma de una especie de fibromialgia infantil) pueden responder a una suplementación con selenio.

No hay que confundir la levadura mezclada con selenio con la levadura que ha absorbido o asimilado selenio. En el primer caso se mezcla levadura de cerveza deshidratada con selenito o selenato de sodio, que es inorgánico, con lo cual el selenio aportado por estos suplementos deriva del selenio inorgánico y no de la levadura. En cambio, el selenio absorbido por la levadura se prepara con levaduras vivas, las cuales son deshidratadas sólo después de que han asimilado el mineral en sus estructuras celulares. De esta última manera obtenemos formas minerales como la L-selenometionina, que posee una alta biodisponibilidad.

La ingesta recomendada de selenio es de 150 a 200 mg al día, combinado con un mínimo de 100 mg (unas 150 UI) de vitamina E natural al día.

El selenio se encuentra en pequeñas cantidades en los alimentos, pero en los vegetales depende de la concentración de dicho mineral en el suelo. En España los alimentos suelen ser muy pobres o carecer por completo de selenio, debido al agotamiento del suelo y al empleo de fertilizantes sintéticos. También hay que tener en cuenta que el selenio está muy mal repartido en la corteza terrestre, razón por la cual el contenido en los alimentos dependerá del suelo donde se hayan desarrollado.

Se encuentra presente en cantidades apreciables en alimentos tales como:

- Carne de vacuno, cerdo y aves.
- Vísceras, sobre todo hígado y riñones.
- Mariscos y algas marinas.
- Cereales integrales, en especial trigo y arroz.
- Levadura de cerveza.
- Germen de trigo.
- Ajos, cebollas, limones, cítricos.
- Setas y hortalizas.
- Salmón y atún.

Silicio

Tanto el carbono como el silicio son elementos químicos especiales: el carbono por ser el elemento básico de los compuestos orgánicos y el silicio (en combinación con el oxígeno) por ser el elemento básico de los compuestos minerales.

El silicio constituye más de la cuarta parte de la corteza terrestre. Se sabe desde 1910 por las experiencias realizadas por Gabriel Bertrand y colaboradores que se encuentra presente en todos los seres vivos.

También es un hecho probado que el silicio es necesario en la alimentación humana, y experimentos realizados en animales han dado lugar a sorprendentes conclusiones: el silicio es muy importante para la formación del tejido conjuntivo y para el completo desarrollo articular; impide la degeneración; desempeña un importante papel en la formación de los huesos y ligamentos en los animales jóvenes y contribuye a su correcta conservación en los adultos y viejos. También se ha comprobado que los niveles de silicio en los vasos sanguíneos descienden con la edad, lo cual favorece la aparición de alteraciones vasculares.

En el cuerpo humano el silicio se agrupa entre los oligoelementos, que son los metales y minerales contenidos en los fluidos somáticos en concentraciones menores a un microgramo por gramo. La mayoría de los oligoelementos son de vital importancia para el ser humano y en parte también para las plantas.

El silicio, al parecer, sólo se absorbe cuando está integrado en estructuras orgánicas, y es inútil el aporte de preparados inorgánicos. Según otras opiniones, la mejor forma de administración es en forma de ácido silícico o dióxido de silicio (SiO_2), que se forma al combinarse el silicio con el oxígeno. Para poder desarrollar su efecto en el organismo de forma óptima, el ácido silícico debe encontrarse en su forma coloidal, esto es, como mezcla de agua con partículas sólidas de silicio, con lo que se consigue un estado entre sólido y líquido. En tal estado se encuentra por ejemplo en la sangre humana, que se compone también de agua y elementos sólidos.

De este modo el ácido silícico coloidal alcanza una gran superficie de reacción que es decisiva para su mayor efectividad. La presentación como gel coloidal se encuentra en el mercado como complemento dietético mineral bajo la marca Silicea, de venta en tiendas de dietética.

El silicio se encuentra en todos los órganos y estructuras en los cuales existen tejidos conectivos, es decir, en los huesos, piel y cabellos, pero también en los vasos sanguíneos y en los pulmones. Probablemente desempeña también una función, junto con otros mecanismos, en los enlaces cruzados de las fibras colágenas (fibras de tejidos conjuntivos, que son los más afectados en caso de fibromialgia). Aparte de las funciones estructurales, el silicio desempeña también una función importante en el metabolismo de los cartílagos y huesos. Además, se ha comprobado que el silicio tiene una considerable propiedad inhibidora de las inflamaciones gracias a su gran capacidad de absorción (capacidad de enlace).

El déficit o acumulación en exceso en el organismo de todos los metales y minerales puede ser causa de enfermedades. Con frecuencia, la causa de los estados de déficit es una alimentación incorrecta o insuficiente. No obstante, el déficit puede producirse también por un mayor desgaste no compensado con un mayor suministro de estos elementos. Los estados carenciales también pueden generarse si la reabsorción no funciona correctamente, por ejemplo en el caso de enfermedades que cursan con diarreas, como el colon irritable, o bien se forman complejos minerales con otros alimentos de difícil asimilación. Los estados deficitarios pueden ser provocados asimismo por una eliminación excesiva en orina, heces, jugo pancreático u otras vías de eliminación.

La eliminación normal diaria se encuentra entre 10 y 40 mg de silicio. El consumo diario de silicio en la dieta es de 20 a 50 mg. La cantidad será menor si se trata de dietas predominantemente de origen animal, y mayor si se trata de dietas de procedencia vegetal. Los alimentos ricos en fibra (frutas y verduras) son muy ricos en sílice, al igual que los cereales.

Como el déficit de sílice acarrea afecciones musculoesqueléticas, con dolor generalizado y anomalías de músculos y tendones, cuadro similar a la fibromialgia, se ha postulado que el origen de la enfermedad podría estar relacionado con un déficit de este mineral. Estudios realizados con enfermos de fibromialgia han revelado que éstos presentan niveles séricos de silicio muy disminuidos, y que mejoran al poco tiempo de ingerir un preparado orgánico del mineral.

Las mejores fuentes de aporte de sílice son:

- Los cereales integrales.
- La levadura de cerveza.
- Algunas plantas como la cola de caballo *(Equisetum arvense)*.
- El maíz y el arroz integral.
- El germen de trigo.
- La alfalfa y las hortalizas, sobre todo las de hoja verde y las cucurbitáceas, como la calabaza y la sandía.

No se conocen los requerimientos mínimos que necesita el ser humano. Se cree que con 20 a 50 mg al día se cubren las necesidades y generalmente una alimentación equilibrada suele cubrir este requerimiento. No obstante, aún no se conocen las condiciones que predisponen a un desgaste aumentado que conlleva a un déficit de silicio. En publicaciones recientes se señala que es preciso llevar a cabo más análisis al respecto.

Justamente en la fibromialgia existe un mayor requerimiento de silicio, el cual ya no puede ser cubierto por la alimentación diaria, sobre todo si se tiene en cuenta que esta enfermedad suele conllevar pérdida de apetito, que deriva en una alimentación insuficiente. Además, hay que considerar que el comportamiento de adquisición y preparación de los alimentos también se ve afectado en los estados de ánimo alterados, y tiene como consecuencia una alimentación desequilibrada.

Para complementar la alimentación y también para tratar directamente las molestias inherentes a la fibromialgia es ideal ingerir ácido silícico. La forma de administración coloidal, es decir, en forma de gel finamente dispersado, permite al organismo una óptima asimilación del ácido silícico activo.

En caso de síntomas fibromiálgicos intensos se recomienda ingerir por lo menos durante tres meses de 2 a 3 cucharadas de ácido silícico al día disuelto en infusiones, agua mineral, zumos de fruta o yogur, una hora antes de las comidas o bien entre comidas. Es importante beber abundantemente en el momento de la toma o después de ella, ya que el silicio absorbe también líquidos. En el caso de que la fibromialgia curse con trastornos estomacales, se recomienda tomar el ácido silícico en una infusión de manzanilla o menta justo antes de las comidas. Si el paciente sufre irritaciones intestinales o ardores, el ácido silícico puede tomarse entre comidas junto con una taza de té.

Exceptuando a personas que padecen gravemente de los riñones y que precisan de diálisis, no es de temer una sobredosificación de silicio, incluso si se ingiere durante un período largo de tiempo. Gracias a la ausencia de agentes conservantes en la solución coloidal, también pueden tomarlo personas con predisposiciones alérgicas. Se desconocen alergias al dióxido de silicio.

Zinc

Su presencia en los granos de determinados cereales y leguminosas como la cebada, el trigo, el maíz y las judías fue descubierta a finales del siglo XIX. Gabriel Bertrand lo aisló en más de 111 variedades de plantas alimenticias, determinando que era absorbido por las raíces cuando el terreno era rico en zinc.

El zinc también se encuentra en los animales, y actúa como coenzima de muchas enzimas, principalmente del grupo de las deshidrogenasas.

El cuerpo humano contiene de 1 a 2,5 mg de zinc, que tiende a acumularse en los huesos y músculos, y es indispensable para el crecimiento y la salud.

El zinc forma parte de muchos sistemas enzimáticos y coenzimas. Colabora con las enzimas anhidrasa carbónica, lactato deshidrogenasa y alcohol deshidrogenasa, todas ellas implicadas en la oxigenación de los tejidos y en la obtención de energía, procesos muy deficitarios en los enfermos de fibromalgia, que presentan niveles de zinc muy bajos. Su suplementación muy efectiva para paliar la sensación de astenia y agotamiento físico que presentan estos enfermos.

Las necesidades de zinc varían en función del crecimiento y generalmente son cubiertas por la alimentación. Se estiman en 15 mg de zinc al día. En los enfermos de fibromialgia estas necesidades están aumentadas, y se recomienda ingerir de 30 a 60 mg al día, con las comidas. Aunque en ocasiones puedan utilizarse dosis más altas de zinc, se aconseja no sobrepasar la dosis de 100 mg diarios.

Aminoácidos

Aunque ya hemos hablado antes del GABA, la glutamina, la fenilalanina y el triptófano, como sustancias clave para el tratamiento de la fibromialgia, hay otros aminoácidos también muy interesantes en este cuadro que se exponen a continuación. Pero primero vamos a explicar qué es una proteína y qué es un aminoácido.

En 1838 el químico holandés Gerrit Jan Mulder dio el nombre de proteínas a las sustancias que contenían nitrógeno. Una proteína puede definirse como cualquier sustancia compuesta de aminoácidos unidos por enlaces peptídicos. La palabra «proteína» proviene del griego *protos*, «primero», término bastante merecido, ya que es el constituyente básico de todas las células vivas.

Las proteínas son los materiales que desempeñan un mayor número de funciones en las células de todos los seres vivos. Por un lado, forman parte de la estructura básica de los tejidos (músculos, tendones, piel) y, por otro, llevan a cabo funciones metabólicas y reguladoras (asimilación de nutrientes, transporte de oxígeno y de grasas en las sangre, inactivación de materiales tóxicos o peligrosos, etc.). También son los elementos que definen la identidad de cada ser vivo, ya que son la base de la estructura del código genético (ADN) y de los sistemas de reconocimiento de organismos extraños en el sistema inmunitario.

El conjunto de proteínas constituye las tres cuartas partes del peso seco de la mayoría de las células del organismo.

Son biomoléculas formadas básicamente por carbono, hidrógeno, oxígeno y nitrógeno. Pueden además contener azufre y fósforo. Estos elementos químicos se agrupan para formar unidades estructurales llamados aminoácidos, considerados los «ladrillos de los edificios moleculares proteicos». Estos edificios macromoleculares se construyen y desmoronan con gran facilidad dentro de las células, y a ello debe precisamente la materia viva su capacidad de crecimiento, reparación y regulación.

Una proteína puede contener varios cientos o miles de aminoácidos, y la disposición o secuencia de éstos determina la estructura y la función de las diferentes proteínas. Algunas son estructurales (como el colágeno del tejido conectivo o la queratina que se encuentra en el pelo y las uñas), otras son enzimas, hormonas, etc.

Cada organismo vivo sintetiza sus propias proteínas a partir de los aminoácidos. Las plantas superiores sintetizan todos los aminoácidos que precisan, mientras que los animales carecen de esa capacidad. Cada especie animal puede sintetizar sólo algunos de los aminoácidos que necesita y, por lo tanto, depende de la dieta para incorporar aquellos aminoácidos que deben sintetizar para formar proteínas. A esos aminoácidos se los considera esenciales y no porque sean los únicos necesarios para la vida de la especie, sino porque deben estar incluidos en la dieta. Cada especie tiene su grupo de aminoácidos esenciales propios.

El ser humano necesita un total de veinte aminoácidos, de los cuales no es capaz de sintetizar ocho por sí mismo y deben ser aportados por la dieta. Éstos son los denominados aminoácidos esenciales, y si falta uno solo de ellos no será posible sintetizar ninguna de las proteínas en la que sea requerido dicho aminoácido. Esto puede dar lugar a diferentes cuadros patológicos, según el aminoácido que falte.

Los aminoácidos esenciales son:

- Isoleucina
- Fenilalanina
- Leucina
- Lisina
- Metionina
- Treonina
- Triptófano
- Valina

Aparte de estos aminoácidos esenciales, existen también otros muchos que el cuerpo humano fabrica.

A las proteínas que contienen todos los aminoácidos esenciales se las denomina completas, y en general se encuentran en alimentos como carnes, huevos y lácteos.

¿Por qué es necesario suplementar la dieta de las personas fibromiálgicas con determinados aminoácidos? Suplementar implica agregar una sustancia a nuestra alimentación con la finalidad de que ésta llegue a un nivel óptimo. Cuando por alguna causa (mayor demanda o necesidad, deficiente absorción, excesiva pérdida) la dieta diaria no alcanza a cubrir nuestras necesidades de esa sustancia, debe recurrirse a un suplemento.

Ya hemos comentado que el organismo necesita aminoácidos como elementos de construcción, y se sabe que un aporte insuficiente se asocia a alteraciones en diversos sistemas, especialmente en los tejidos óseo, muscular y tendinoso, así como a trastornos de la salud en general. Si bien es posible obtener los aminoácidos esenciales de la dieta, su utilización puede estar comprometida por diferentes factores.

En los períodos en que el organismo atraviesa crisis funcionales (mala alimentación, trastornos articulares, musculares o tendinosos, alteraciones en el tracto gastrointestinal) o se ve sometido a estrés emocional, se produce un aumento en el consumo de los aminoácidos, por lo que muchas veces conviene completar la dieta habitual con un aporte extra.

Por ejemplo, un problema frecuente en la fibromialgia es la inadecuada producción de aminoácidos no esenciales a partir de aminoácidos esenciales, a pesar de ingerirlos, así como el aumento por encima de lo previsto de las necesidades de aminoácidos en general. También puede suceder que exista un problema digestivo que impida la correcta absorción de aminoácidos. Por ello, en el caso de la fibromialgia no nos podemos limitar a seguir las pautas recomendadas por la CDR (cantidad diaria recomendada) si deseamos actuar terapéuticamente, ya que serán necesarias cantidades más elevadas de aminoácidos.

Existen en el mercado gran variedad de suplementos de aminoácidos en presentaciones individuales (esenciales y no esenciales), así como en forma de complejos. Asimismo, se dispone de formulaciones que incluyen todos los aminoácidos esenciales, y sirven para complementar a los aminoácidos administrados de manera aislada. La individualidad bioquímica requiere el uso selectivo de suplementos de aminoácidos para cada paciente. Cada individuo tiene unas necesidades de aminoácidos diferentes, y dos personas con fibromialgia no requieren los mismos suplementos.

Los preparados de aminoácidos en forma libre son los de mayor biodisponibilidad. A menudo son denominados aminoácidos purificados o cristalinos, que quiere decir que una fuente proteica ha sido descompuesta en sus aminoácidos individuales. Los preparados dietéticos de aminoácidos libres se ingieren en su forma cristalina pura, no necesitan digestión gástrica y apenas una pequeña digestión intestinal. Se absorben rápidamente a través de la vena porta tan sólo entre 5 y 10 minutos después de haber sido consumidos por vía oral.

Por otra parte, para optimizar la absorción de los aminoácidos se recomienda que se acompañen en la ingesta de las vitaminas B_6 y C. Si se toman de forma individual es aconsejable que se complemente con una fórmula que contenga todos los aminoácidos esenciales ingeridos en distinto momentos del día. De esta forma potenciaremos su acción y evitaremos posibles desequilibrios en el equilibrio general de nutrientes.

Arginina

A pesar de que no es un aminoácido esencial, la arginina puede ser de hecho necesaria para personas que tienen dificultad para producirla en cantidad suficiente para cubrir las demandas de su organismo, como puede que ocurra en la fibromialgia. El cuerpo requiere cantidades sustancialmente mayores de arginina cuando sufre un dolor crónico.

La investigación ha demostrado que los suplementos de

arginina potencian la síntesis del colágeno. La arginina está involucrada en el transporte y almacenamiento de nitrógeno en el tejido muscular, y es necesaria en la elaboración de varios compuestos que intervienen en la producción de energía en el músculo.

El dolor y la fatiga generalizada que caracterizan a la fibromialgia pueden tratarse con la administración de arginina.

Este aminoácido no debe ingerirse en caso de infección herpética activa o de esquizofrenia.

La ingesta recomendada es de 500 a 5.000 mg al día, entre comidas.

Aspartato (ácido aspártico)

El ácido aspártico (del griego *asparragus,* espárrago, por ser un alimento que lo contiene en gran cantidad) es un aminoácido no esencial que forma parte de muchas proteínas. Es capaz de formar ácido glutámico por transaminación. Se trata además de un aminoácido que juega un importante papel en el ciclo de la urea.

La asparagina es la forma amídica del ácido aspártico. Este aminoácido, junto al ácido glutámico, es más abundante en el cerebro que los demás, lo cual hace pensar a muchos investigadores que desempeña una destacada actividad en el óptimo mantenimiento de las funciones cerebrales.

El ácido aspártico se convierte intracelularmente en oxalacetato, un importante substrato en el ciclo de Krebs o ciclo productor de energía. También participa en el transporte para el potasio y magnesio al interior de la célula.

Se ha investigado la suplementación con aspartatos de

potasio y magnesio en varios estudios a doble ciego con fibromiálgicos. Entre el 75 y el 90 % de los pacientes tratados experimentaron un considerable alivio de la fatiga.

El aspartato influye asimismo en la inestabilidad emocional causada por la fibromialgia. Es un neurotransmisor excitador. Junto con el ácido glutámico es transmisor y estimulador cerebral.

El aspartato, por último, es un inmunoactivador, pues estimula el timo, protege contra los efectos dañinos de la radiación y de las ondas electromagnéticas.

En relación a su ingesta, hay que tener en cuenta que no se comercializa el ácido aspárgico ni la asparagina de manera individual en forma de complementos alimenticios. Si se desea complementar la dieta con ácido aspártico se puede tomar en forma de aspartato de calcio, magnesio, zinc o potasio (compuestos obtenidos a partir de la combinación del mineral elemental con el ácido aspártico).

La dosis más común para el aspartato de potasio o de magnesio es de 250 a 1.000 mg al día, entre comidas. Se debe administrar junto con ácido glutámico o L-glutamina.

Carnitina

La carnitina es un aminoácido que se fabrica en el organismo humano a partir de los aminoácidos lisina y metionina. Por esta razón, habitualmente no se considera a la L-carnitina un nutriente esencial. De todas formas, en determinadas situaciones la necesidad de carnitina puede exceder la producción del organismo, y esto parece ocurrir en la fibromialgia. Asimismo, algunas personas no pueden producir L-carnitina en cantidades suficientes, lo cual requiere suplementación. La L-carnitina sólo se encuentra en fuentes animales como la carne, las aves y los lácteos.

Diversos estudios han demostrado que la suplementación con L-carnitina reduce los dolores musculares y la sensación de agotamiento que acompañan a la fibromialgia.

La dosis recomendada es de 500 a 3.000 mg al día, entre comidas, aunque la dosis más común suele ser 250 mg dos veces al día.

La acetil-L-carnitina (ALC) es un derivado (acetilo) del aminoácido carnitina. Se produce de forma natural en los humanos, y es más abundante en los músculos y el cerebro. La ALC se ha estudiado por su uso potencial para revertir los síntomas asociados a la fibromialgia.

La ALC parece mejorar el metabolismo energético en los centros nerviosos cerebrales, al potenciar la actividad de la acetilcolina y ayudar a eliminar los residuos celulares en el cerebro. Como parte de este papel cerebral la ALC puede mejorar la memoria, la depresión y las alteraciones del sueño.

Parece que junto con sus efectos neuroprotectores y neurorregeneradores, la ALC puede proteger tanto el tejido nervioso como el muscular, mejorar la circulación sanguínea y reducir el daño de los radicales libres. La ALC puede ser beneficiosa en cualquier condición donde la oxigenación o el flujo sanguíneo reducido puedan provocar daño o una disminución de la función.

La ALC es necesaria para que los ácidos grasos penetren en las mitocondrias, el centro metabólico de las células, y se quemen para liberar energía. Su administración es de gran utilidad en casos de debilidad muscular, fibromialgia y síndrome de fatiga crónica.

El rango de dosificación de la ALC oscila engtre 500 mg y 3 g al día. La dosis más empleada es de 250 a 1.000 mg al día, entre comidas.

SAMe (S-adenosil-L-metionina)

La S-adenosil-L-metionina que se genera a partir del aminoácido azufrado L-metionina y el trifosfato de adenosina (ATP) por la acción de la metionina-adenosil-transferasa es otro compuesto azufrado fisiológico muy beneficioso en la fibromialgia. Tiene propiedades antidepresivas al influir en el metabolismo de las monoaminas, en particular la serotonina. Actúa como donadora de metilos, contribuyendo a la síntesis de neurotransmisores potenciadotes del humor y del estado de ánimo. Asimismo, ayuda a detoxificar las membranas celulares, ayuda al organismo a eliminar residuos de hormonas e incluso restos de neurotransmisores.

Se ha demostrado que es un compuesto analgésico y antiinflamatorio y que estimula la síntesis de proteoglicanos por los condrocitos articulares, que ayudan a reparar las articulaciones dañadas. Basándose en los ensayos clínicos realizados en aproximadamente 22.000 pacientes y en una serie de estudios a doble ciego, los investigadores concluyeron que la SAMe es tan efectiva como los AINE pero no tiene sus efectos secundarios, aunque a veces se necesitan dos semanas para que aparezcan sus primeros efectos beneficiosos.

La SAMe es un importante componente del tejido de las articulaciones y su deficiencia conduce a una menor integridad y tolerancia del cartílago al desgaste y al deterioro. Numerosos estudios tanto en humanos como en animales han demostrado que la suplementación con SAMe aumenta la formación de cartílago y tiene efectos analgésicos y antiinflamatorios.

La investigación reciente ha puesto de manifiesto que la suplementación con SAMe es muy beneficiosa en la fibromialgia, pues al cabo de 10 o 15 días disminuyen el dolor y aumenta el bienestar general, se alivia la fatiga, se recupera la calidad del sueño y desaparece la rigidez, así como la depresión y la ansiedad. En todos los casos la SAMe se administró inyectada vía intramuscular.

La dosis inicial es de 200 mg al día y se va subiendo la dosificación cada 5 días hasta llegar a 1.200 mg diarios. Si aparecen síntomas gastrointestinales, debe reducirse la dosis a la mitad y luego incrementarla de forma gradual para comprobar la tolerancia. Normalmente con 400 mg de SAMe al día es suficiente.

La SAMe puede tardar varias semanas o meses en mostrar su efecto terapéutico completo.

En las farmacias podemos encontrar ampollas de SAMe (S-AMET 200) de 200 mg.

Taurina

Actúa como un neurotransmisor inhibidor en el cerebro, ejerciendo así un efecto tranquilizante. Disminuye el estrés y permite una mayor eficacia metabólica y funcional en el sistema nervioso, al regular la hiperexcitabilidad cerebral y facilitar el descanso.

No debe tomarse con ácido acetilsalicílico, ni administrarse con el estómago vacío si existen antecedentes de úlcera de estómago o de duodeno.

La ingesta recomendada es de 500 a 3.000 mg al día, entre comidas. Debe tomarse un gramo antes de irse a dormir para regular y moderar la excitabilidad del sistema nervioso.

Tirosina

La tirosina es un aminoácido no esencial sintetizado en el organismo a partir del aminoácido fenilalanina. La tirosina es un precursor de varios neurotransmisores importantes, como la dopamina, la norepinefrina, la epinefrina y la L-dopa. Algunas de las funciones reguladas por los neurotransmisores dependientes de la tirosina incluyen el humor, la respuesta al estrés, la función mental, la seguridad y la respuesta sexual.

Los resultados de varios estudios sugieren que la suplementación con tirosina puede reducir la sensibilidad al estrés y a la fatiga, y mejorar así el estado ánimo y la memoria.

No debe combinarse este aminoácido con inhibidores de la MAO ni tomarse en caso de melanoma.

La ingesta recomendada oscila entre 500 y 1.500 mg al día, entre comidas.

DIETA VEGETARIANA CONTRA LA FIBROMIALGIA

Según recientes estudios publicados por la Asociación de Dietética de Estados Unidos, una dieta vegetariana estricta, que elimine de la dieta del enfermo todo alimento de origen animal, podría aliviar en gran medida los síntomas de la fibromialgia. Asimismo la Asociación de Dietética de Canadá ha afirmado que, pese a que se necesitan más estudios al respecto para extraer conclusiones definitivas, algunos trabajos sugieren que una dieta exclusivamente vegetariana y con predominio de los alimentos crudos mejora de forma significativa los síntomas de fibromialgia. Alimentos crudos se consideran la fruta, la verdura, los frutos secos, los germinados, los alimentos fermentados, la fruta desecada, etc.

A continuación se presenta un ejemplo de dieta que excluye en su composición cualquier alimento de origen animal, es decir, carne, pescado, huevos o leche, así como sus derivados, y que es la que se ha empleado en los diversos estudios para mejorar el estado de salud de los afectados. La razón por la que esta dieta vegetariana produce mejoras en estos enfermos se debe a varios factores: la riqueza en antioxidantes, la baja ingesta de grasa y proteína y la abundancia de fibra y de algunas vitaminas (C, E y betacarotenos) y minerales (sobre todo magnesio, potasio y zinc).

MENÚ TIPO PARA LA FIBROMIALGIA

Desayuno: un tazón de leche de soja o de leche de almendras con muesli o galletas integrales.
Una manzana

Media mañana: una taza de té rooibos endulzado con azúcar moreno y un puñado de nueces o de almendras

Comida: Un tazón de gazpacho o una ensalada variada
Un plato de lentejas, de arroz integral o de pasta
Hamburguesas o salchichas vegetales
Fruta variada

Merienda: un yogur de soja

Cena: Ensalada variada aliñada con aceite de lino y vina-
gre de manzana
Tostadas integrales con aceite de oliva y tofu o con
paté de algas
Seitán rebozado con guarnición de guisantes y cham-
piñones u otras verduras
Fruta variada

El tofu, el seitán, las hamburguesas vegetales o el paté de
algas pueden adquirirse en cualquier tienda de productos
dietéticos.

ESPECIALIDADES FARMACÉUTICAS

Existen en nuestras farmacias numerosos preparados muy
interesantes en el caso de la fibromialgia, que sin embargo
son poco conocidos por el médico, debido entre otras cosas
a que son fármacos baratos y no resulta rentable anunciar-
los en el vademécum que nos envían a los facultativos, y en
el cual se omiten productos que deberían ser más emplea-
dos por sus estupendos resultados y escasas contraindica-
ciones.

Todos estos fármacos, aunque se expenden en su ma-
yoría sin receta, no deben tomarse sin un control, así que
mi consejo es que se someta la siguiente lista al criterio de
su médico, para que sea él quien le aconseje los más indi-
cados para su caso.

Preparados vitamínicos

En la fibromialgia resulta muy indicada la asociación de las vitaminas B_1, B_6 y B_{12}. Existen numerosos preparados comerciales con esta composición como el Mederebro o el Neurostop. El Hidroxil B_{12}-B_6-B_1 aporta 500 mg de hidroxicobalamina, 250 mg de piridoxina y 250 mg de tiamina por cada comprimido. Deben tomarse de uno a tres comprimidos al día. A las dosis recomendadas es excepcional la presentación de efectos secundarios.

Otra sustancia vitamínica recomendada en la fibromialgia es el ácido para-aminobenzoico o PABA, que se comercializa bajo el nombre de Hachemina fuerte en forma de comprimidos de 500 mg. Ya vimos como el ácido para-aminobenzoico es un aminoácido aromático de importancia vital en el metabolismo celular. La dosis es de dos a cuatro comprimidos al día.

Tónicos del sistema nervioso central

Un preparado muy interesante es Mentis, a base de dimaleato de pirisudanol, un psicoestimulante con actividad antidepresiva, que facilita la activación cortical cerebral y aumenta la resistencia neuronal a la hipoxia. Se vende en cápsulas de 300 mg y se recomiendan 600 mg cada 12 horas.

El Agudil es un combinado de asparagina, levoglutamida, piridoxina y serina que se presenta en comprimidos. Debe tomarse uno cada 24 horas, preferentemente en el desayuno.

Ya hemos hablado del Denubil al hablar del DAME. Es un excelente producto para luchar contra la fatiga psíquica y física, que se presenta en forma de ampollas bebibles con 5 ml de deanol. La dosis usual es de 2 a 3 ampollas por día, tomadas con un poco de agua antes o entre las comidas.

El Gamalate B6 aporta por gragea 75 mg de glutamato de magnesio, 75 mg de GABA, 37 mg de ácido alfa-amino-beta-hidroxibutírico (GABOB) y 37 mg de piridoxina, una composición excelente para paliar la astenia, el desequilibrio emocional y los trastornos viscerales sin base orgánica que ocurren en la fibromialgia. El Gamalate no presenta contraindicaciones, efectos secundarios ni incompatibilidades, y dada la escasa toxicidad del preparado es imposible la intoxicación, incluso accidental. Se recomienda ingerir dos grageas dos o tres veces al día, antes o después de las principales comidas.

El Cefabol contiene citidín monofosfato, GABA, GABOB, glutamato magnésico, piridoxina y trifosfato de uridín, y se toman dos cápsulas dos veces al día.

La Nucleserina es un neurotónico que aporta por comprimido 100 mg de ácidos ribonucleicos (ARN), 25 mg de fosforilserina, 50 mg de levoglutamida y 25 mg de piridoxina. Con la administración de Nucleserina se obtiene un efecto tónico y reparador de las alteraciones neuropsíquicas. Debido a sus acciones globales, sobre todo el sistema nervioso, influye indirectamente sobre el resto del organismo, produciendo una mejoría del estado general y de la actividad muscular y refleja. No tiene acción excitante ni produce hábito. La dosis habitual es de una gragea tres veces al día, preferentemente después de las comidas. Carece de contraindicaciones y efectos secundarios.

El Arcalión contiene por gragea 200 mg de sulbutiamina, un derivado de la vitamina B$_1$ que corrige la fatiga, la apatía, la irritabilidad y los trastornos del comportamiento o de la personalidad. La dosis usual son 400 mg al día tomados en el desayuno.

El piracctam es también un buen tónico del sistema nervioso. Protege las células nerviosas y aumenta la nutrición y la oxigenación de las neuronas. Se aconseja tomar de 1.600 a 2.400 mg cada ocho horas en principio y luego unas dosis de mantenimiento de 800 mg cada ocho horas. Su nombre comercial es Ciclofalina 800 o Nootropil. Cada comprimido aporta 800 mg.

S-Amet es el nombre comercial de la SAMe, del que ya hemos hablado. Se expende en ampollas para inyección intramuscular de 100 mg. Deberá inyectarse una diaria.

Núcleo CMP es el nombre comercial de una mezcla de citidín-monofosfato y diversas sales de uridina, preparado que fortalece las vías nerviosas y disminuye eficazmente la sensibilidad al dolor de la fibromialgia. Se presenta en forma de inyectable intramuscular, en cuyo caso debe recibirse una inyección, o bien en forma de cápsulas. Se recomienda tres diarias. No tiene contraindicaciones.

Reconstituyentes

El Astenolit incluye en ampollas bebibles una buena mezcla de aminoácidos esenciales, debiendo tomarse 1 o 2 ampollas al día diluidas en medio vaso de agua.

Enofosforina Vigor incorpora diversos preparados de fósforo en su solución oral. Se recomiendan 20 ml (dos cucharadas) después de cada comida.

El Policolinosil es una excelente mezcla de vitaminas y

aminoácidos que contiene ácido pangámico, ácido ribonu-
cleico, ácido tióctico, arginina, cianocobalamina, cisteína,
colina, extracto de hígado, inositol, nicotinamida, orotato
de lisina, piridoxina, riboflavina y tiamina. La dosis usual
son 2 grageas 3 veces al día.

Reguladores psíquicos

Son muy efectivos los aportes de L-5-hidroxi-triptófano
(precursor biológico de la serotonina) como el Cincofarm,
en cápsulas de 100 mg. La dosis inicial recomendada es de
200 mg diarios, en dos tomas, que se irá aumentando pro-
gresivamente hasta conseguir el control adecuado de la sin-
tomatología. La dosis de mantenimiento suele estar entre
los 300 y los 600 mg al día.

También la citicolina, un derivado de la colina que in-
terviene en la biosíntesis de la lecitina a nivel cerebral, pue-
de ser interesante. Se recomiendan de 100 a 200 mg cada
ocho horas. El preparado más popular es la Somazina, que
se presenta en ampollas bebibles.

La valpromida aumenta los niveles cerebrales del amino-
ácido GABA al inhibir las enzimas encargadas de su cata-
bolismo, y produce una sensación de bienestar psíquico. En
farmacias se llama Depamide, que se presenta en grageas de
300 mg. Se pueden tomar una o dos en cada comida. El De-
pamide forma parte de la clase de agentes psicotrópicos de-
nominados normotímicos, eutímicos o reguladores de la ac-
tividad mental, pues estabilizan el estado de ánimo sin
producir excitación ni sedación. La ingestión de alcohol du-
rante el tratamiento con esta sustancia está absolutamente
desaconsejada.

La sulpirida es otra sustancia que normaliza en gran parte el estado de ansiedad de la fibromialgia. A nivel comercial tenemos Guastil, Psicocen y Tepavil. La dosis habitual es de 50 a 100 mg cada ocho horas. Las cápsulas y comprimidos suelen ser de 50 mg. El Sulpiride posee una acción muy específica sobre el «cerebro vegetativo», es decir, sobre los centros bulbares, formación reticular y núcleos hipotalámicos. Es un psicofármaco que actúa como un desinhibidor central y a la vez como un regulador del comportamiento psíquico y vegetativo. No tiene acción depresiva alguna sobre el estado de vigilia y tampoco actúa sobre el sistema nervioso autónomo. Ejerce una notable acción antidepresiva y mejora el estado general. Por ello, y por su tolerancia, ha hecho accesible por primera vez el campo de los neurolépticos a la medicina general. La sulpirida es la primera «sustancia puente» que, al superar la actual clasificación farmacológica, aúna propiedades neurolépticas y antidepresivas, sin los efectos secundarios característicos de estas drogas. No se indican incompatibilidades y contraindicaciones.

El preparado Psicosoma, a base de glutamato magnésico, equilibra también de forma efectiva el estado psíquico y emocional y alivia los dolores. Se suelen tomar una o dos grageas en cada comida. También existe en forma de solución, fórmula que incorpora prometazina, substancia muy indicada en caso de insomnio.

Enzimas

Existen muchos preparados a base de enzimas proteolíticas con acción antiinflamatoria muy útiles en la fibromialgia. Tanto la Ernodasa como la Varidasa aportan estreptoqui-

nasa y estreptodornasa, que actúan como potentes antiflo-
gísticos. La dosis media habitual es un comprimido, cuatro
veces al día, por vía oral. No tienen efectos secundarios, aun-
que en algún caso aislado se han presentado reacciones le-
ves de hipersensibilidad individual que casi nunca han obli-
gado a dejar el tratamiento.

Nulacín fermentos es una fórmula con enzimas y pro-
caína, en principio ideada para los trastornos digestivos, pe-
ro muy útil para aliviar ciertos síntomas de fibromialgia. La
dosis son dos comprimidos con cada una de las tres comi-
das principales.

Alivio de los síntomas dolorosos

El oxaceprol es un antiinflamatorio no esteroideo muy útil
para aliviar el dolor de la fibromialgia y reparar los tejidos
blandos. Apenas tiene efectos secundarios ni causa moles-
tias digestivas. Se trata de la N-acetil-hidroxiprolina, un de-
rivado acetilado del aminoácido prolina, que ayuda a rege-
nerar los cartílagos y el tejido conjuntivo en general, y que
es además compatible con todos los antiinflamatorios y an
tiálgicos habitualmente prescritos en la fibromialgia.

En el mercado podemos encontrar Tejuntivo, que con-
tiene 200 mg de oxaceprol, del que se pueden tomar uno
o dos comprimidos tres veces al día, preferentemente con
las comidas.

También está el Robervital, que añade a los 200 mg de
oxaceprol 200 mg de tocoferol o vitamina E, que actúa so-
bre antirradicales libres. Estos comprimidos son compati-
bles con cualquier bebida o alimento.

Enfoque psicoanalítico de la fibromialgia

El propósito que me guía al escribir esta parte final del libro es la de ofrecer una fiel descripción de la persona aquejada de fibromialgia que vive entre nosotros, con todos los conflictos que realmente la conmueven, con todas sus angustias, sus sufrimientos y las múltiples dificultades que encuentra en sus relaciones con los demás y consigo misma. No voy a referirme a ninguna forma particular de la enfermedad, sino que me atengo a la estructura del carácter general que bajo una u otra forma aparece en casi todos los fibromiálgicos.

Quiero hacer hincapié en los conflictos reales y los intentos del fibromiálgico por resolverlos, en sus angustias y las defensas que ha levantado contra las mismas. No descarto la idea de que, en esencia, la condición fibromiálgica puede surgir de experiencias infantiles precoces, aunque discrepo de muchos psicoanalistas. Estimo injustificado concentrar la atención en la infancia exclusivamente, dejándose llevar por una especie de fascinación unilateral y considerando que las reacciones ulteriores no son, en definitiva, sino meras repeticiones de otras previas. Me propongo demostrar que, en el caso de la fibromialgia, la relación entre las experiencias infantiles y los conflictos adultos es harto más compleja de lo que suponen aquellos estudiosos de la psique que postulan un simple nexo de causa y efecto. Aunque las experiencias de la infancia originan muchas de las condiciones determinantes de la fibromialgia, no constituyen, sin embargo, las únicas causas de los trastornos que sobrevienen con la enfermedad.

Si enfocamos nuestra atención en los trastornos psicológicos que acompañan a la fibromialgia, reconoceremos que éstos no son engendrados únicamente por experiencias personales del individuo, sino también por las condiciones específicas de la cultura en que vivimos. En realidad, las condiciones culturales no sólo dan peso y color a las vivencias de cada sujeto; en última instancia, determinan asimismo su forma peculiar. Es un destino individual, por ejemplo, tener como madre a un ama de casa «sacrificada», hipocondríaca, irascible y frustrada, pero sólo en señaladas condiciones culturales hallamos madres amas de casa «sacrificadas», e igualmente sólo debido a estas condiciones tales experiencias pueden influir sobre la vida ulterior del sujeto.

Una vez comprendida la gran importancia de las condiciones culturales en la fibromialgia, relegaremos a un segundo término la importancia que algunos autores atribuyena (que ya han sido mencionados en la primera parte de este libro). Sólo cuando se disponga de pruebas sólidas que la sustenten consideraremos su influencia.

Tal orientación me ha conducido a algunas nuevas interpretaciones de una serie de problemas básicos que presentan los fibromiálgicos. Aunque se refieren a cuestiones dispares, como el problema del masoquismo, las consecuencias de la necesidad exagerada de afecto y atención y el significado de los sentimientos de culpabilidad, todas esas interpretaciones tienen como base común la importancia concedida al papel de la angustia en la producción de los rasgos del carácter de la persona con fibromialgia.

Como muchas de mis interpretaciones discrepan de las de otros psicoanalistas, algunos lectores, sobre todo algunos profesionales de la psicología, se preguntarán si todo esto es aún psicoanálisis. La respuesta dependerá de lo que se considere esencial en esa ciencia. Si se admite que está sólo integrada por la totalidad de las teorías propugnadas por Freud o Lacan, entonces lo que aquí expongo no es, en realidad, psicoanálisis. Si, en cambio, se juzga que los elementos esenciales del psicoanálisis residen en ciertas orientaciones básicas del pensamiento frente al papel de los procesos inconscientes y a las formas de su expresión, así como en determinado tipo de tratamiento terapéutico que lleva esos procesos a nuestra consciencia, entonces lo que presento aquí sí es desde luego psicoanálisis.

Dado que el propósito cardinal de este capítulo no es precisar en qué sentidos coincido y en cuáles otros difiero de los demás psicoterapeutas, por lo regular he limitado mis consideraciones sobre asuntos polémicos a ciertos temas respecto de los cuales mis opiniones divergen notablemente de las de los psicoanalistas ortodoxos.

Cuanto aquí expongo no son más que las impresiones recogidas en el curso de un largo estudio psicológico de la fibromialgia. Si hubiese querido presentar el material en que se apoyan mis interpretaciones, debería haber incluido muchos historiales clínicos detallados, método injustificadamente engorroso para un libro destinado al gran público y que sólo pretende ofrecer un panorama general de los problemas que plantea la fibromialgia. Espero no obstante que, aun sin este material, el especialista, e incluso el profano, estarán en condiciones de verificar la validez de algunas de mis afirmaciones, pues a todo observador atento le será posible comparar mis conjeturas con sus propias observaciones y experiencias, y rechazar o aceptar, modificar o corroborar sobre tal base cuanto aquí se dice.

He intentado escribir esta obra en un lenguaje sencillo y comprensible y, a favor de la claridad, me he abstenido de entrar en muchos detalles técnicos. Los términos científicos han sido excluidos en la medida de lo posible, pues siempre está la amenaza de que los tecnicismos sustituyan la nítida ideación. Así, a muchos lectores, en especial a los profanos, podrá parecerles fácil comprender los problemas de la personalidad fibromiálgica; pero tal conclusión sería errónea o incluso peligrosa. No se debe olvidar en ningún momento que todos los problemas psicológicos son, por definición, profundamente complejos y sutiles

Este libro en general, y este capítulo en particular, se dirige al profano inquieto, así como a todos aquellos a quienes su profesión les ponga en contacto con fibromiálgicos y que estén familiarizados con sus problemas. Entre dichos profesionales no sólo se encuentran los psiquiatras y psicólogos, sino también los reumatólogos, internistas, médicos generales y fisioterapeutas. Por último, confío asimismo que este capítulo en concreto sea de cierto valor para el propio afectado de fibromialgia. Éste, cuando no desecha por principio todo planteamiento psicológico de su dolencia, suele tener, a causa de su sufrimiento, una comprensión más aguda y sutil de las complejidades psicológicas de su enfermedad. Por desgracia, la mera lectura acerca de su situación no va a curarle, entre otras cosas porque en lo que lea le será mucho más fácil reconocer a los otros que a sí mismo.

Significado cultural de la fibromialgia

El término «fibromialgia» suele aplicarse hoy con la mayor liberalidad, sin que, sin embargo, se tenga siempre un concepto claro de lo que denota. Muchas veces no pasa de ser una manera algo presuntuosa de expresar reprobación por un paciente, pues quienes se habrían conformado antes con calificarlo como neurótico, hipocondríaco, neurasténico o incluso simplemente quejica, tenderán hoy a endilgarle el epíteto de «fibromiálgico». No obstante, al usar esta palabra es forzoso que imaginemos algo, y al elegirla quizá nos dejemos llevar por determinados criterios, sin percatarnos de éstos cabalmente.

En primer lugar, la persona con fibromialgia se diferencia de los demás en sus reacciones ante la vida en general. Por ello el término fibromiálgico, aunque procedente de la medicina, ya no puede utilizarse sin tener en cuenta su significado cultural.

El concepto de «normal» no sólo varía con las distintas culturas, sino también con el tiempo, en idénticas condiciones culturales. En cierta medida, toda persona educada sabe perfectamente que lo normal está expuesto a variaciones. Así, no ignoramos que la cocina china es distinta de la nuestra; que los esquimales tienen diferentes concepciones de la higiene; que el hechicero de una tribu africana cura a sus enfermos de manera distinta a como lo hace el médico occidental. En cambio, no se halla tan difundida la noción de que no sólo las costumbres, sino también los impulsos y los sentimientos están sujetos a variaciones, a pesar de que los antropólogos lo han establecido implícita o explícitamente.

Por sólidos motivos, toda cultura se aferra a la creencia de que sus propios impulsos y sentimientos constituyen la única expresión normal de la «naturaleza humana», y tampoco la psicología ha podido escapar a esta regla. Ello nos fuerza a reconocer que algunas de nuestras concepciones acerca de la naturaleza humana son más bien ingenuas, como, por ejemplo, que el sentido de la rectitud, los sentimientos de culpabilidad o el vínculo del amor con la sexualidad constituyen características inherentes a la naturaleza humana. Alcanzamos nuestro concepto de la normalidad adoptando ciertas pautas de conducta y de sentimiento vigentes en un grupo determinado que las impone a todos sus miembros, pero olvidamos que esas pautas varían con la cultura, la época, la clase social y el sexo. La consecuencia fundamental de semejantes consideraciones es que los sentimientos y las actitudes son determinados en sorprendente medida por las condiciones en las que vivimos, sean culturales o individuales, las cuales están indisolublemente entrelazadas. Esto significa, a su vez, que conociendo nuestras condiciones culturales de vida nos será fácil llegar a una comprensión mucho más profunda del carácter especial de los sentimientos y las actitudes «normales», y siendo la fibromialgia una desviación del modo normal de percibir las sensaciones internas, también este cuadro podrá entenderse mucho mejor.

Así, por un lado, no es factible penetrar en la esencia de la fibromialgia sin conocer en detalle las circunstancias individuales del enfermo y, en particular, las influencias moldeadoras del afecto que el niño o niña recibe en la temprana infancia. Pero tampoco podemos comprender la peculiar estructura psíquica que subyace en la fibromialgia sin conocer previamente, en sus pormenores, las influencias que una cultura particular ejerce sobre el individuo.

Hemos visto que la fibromialgia implica una desviación de la forma normal de percibirse a uno mismo, aspecto en verdad muy importante, aunque insuficiente para abordar el problema, pues una persona puede apartarse de la forma general de percepción interna sin padecer por ello una fibromialgia. Desde esta perspectiva, por curioso que parezca, no es nada fácil establecer lo que constituye en esencia una fibromialgia; pero, sea como fuere, mientras nos limitemos a estudiar exclusivamente sus manifestaciones, resultará difícil fijar características comunes a todos los cuadros fibromiálgicos. No cabe duda de que es casi imposible usar como criterio sólo los síntomas —dolor generalizado, fatiga, astenia, depresión, trastornos somáticos funcionales— pues éstos no siempre se presentan de forma clara en todas las fibromialgias. Es cierto que siempre existen inhibiciones de cualquier naturaleza, por motivos que veremos más adelante, pero podrían ser tan sutiles o estar tan ocultas que escaparan a la observación superficial. Tropezaríamos con idénticas dificultades si, teniendo presente sólo el cuadro manifiesto, pretendiésemos juzgar los trastornos de las relaciones con los demás, incluyendo las alteraciones de las relaciones sexuales. Éstos tampoco faltan nunca, pero pueden ser muy difíciles dce discernir. Con todo, existen dos características que siempre es posible apreciar en cualquier fibromiálgico, sin necesidad dc conocer íntimamente la estructura de su personalidad: primero, cierta rigidez en las reacciones, y segundo, una llamativa discrepancia entre las capacidades de esa persona y sus realizaciones concretas en la vida.

Es menester explicar mejor ambas características. Por «rigidez de las reacciones» se entiende la ausencia de la flexibilidad que nos permite reaccionar de diversa manera frente a diferentes situaciones. Una persona normal, por ejemplo, abriga sospechas cuando siente o advierte razones que las justifiquen; en cambio, una persona con fibromialgia puede estar dominada por incesantes sospechas de todo y de todos, sin tener en cuenta la situación dada, y tenga o no conciencia de su estado. El paciente normal es capaz dc distinguir cuando un médico le habla sinceramente acerca de su situación; el fibromiálgico, por el contrario, siempre piensa que el médico le está engañando u ocultando la verdadera gravedad de su estado, y puede llegar a rechazar un diagnóstico que no le satisfaga. Una persona normal experimenta encono cuando cree que se le quiere imponer algo sin causa ni motivo razonables, mientras que el fibromiálgico responderá con malevolencia y desconfianza a cualquier insinuación, aun cuando comprenda que es en su propio interés. Una persona normal podrá sentirse indecisa en determinados casos, ante asuntos importantes y arduos de solucionar; el fibromiálgico constantemente suele mostrarse incapaz de decidirse, por ejemplo en cuanto al mejor tratamiento para su enfermedad.

En cuanto a la discordancia entre la capacidad potencial de una persona y lo que en realidad consigue en su vida, ésta puede obedecer sólo a factores externos. En cambio, en el caso de la persona con fibromialgia, el sujeto continúa siendo improductivo a pesar de sus buenas dotes y contando, además, con todas las posibilidades externas favorables a su realización; o bien, pese a tener a su alcance todas las condiciones para sentirse feliz, no acierta a disfrutar de lo que posee. En otras palabras, el fibromiálgico tiene la impresión de que él mismo y su especial enfermedad son un obstáculo para su bienestar en todo momento.

Apartándonos del cuadro manifiesto que presenta la fibromialgia y atendiendo a los dinamismos que intervienen en su producción, nos enfrentamos con un factor esencial, siempre presente: la angustia y las defensas levantadas contra ésta. Por compleja que sea la estructura psíquica de una fibromialgia, esa angustia es el factor que desencadena todo el proceso y lo mantiene en actividad. Expresada en estos términos, esta regla evidentemente resulta demasiado general, pues tanto las angustias o temores como las defensas contra ellos, no sólo se encuentran sin excepción, sino que no constituyen reacciones privativas de la especie humana. Así, cuando un animal asustado por algún peligro se defiende o recurre a la fuga, estamos exactamente ante la misma situación de temor y defensa. También intervienen estos dos factores cuando, atemorizados por el peligro del rayo, instalamos un pararrayos en el techo de nuestra casa, o cuando el miedo a las consecuencias de posibles accidentes nos induce a concertar una póliza de seguro o a instalar airbags en nuestro vehículo. Ahora bien ¿cuál es, entonces, el rasgo distintivo de las defensas y los temores del fibromiálgico, que le confiere su carácter específico? ¿Quizá se deba su peculiaridad a que el fibromiálgico desconoce esencialmente por qué y a qué tiene miedo?

A este respecto, diremos en primer lugar que las condiciones de vida imperantes en toda cultura engendran ciertos temores que pueden responder a peligros externos (las fuerzas de la naturaleza o los enemigos), a las formas que adoptan las relaciones sociales (desencadenamiento de la hostilidad por opresión, injusticia, dependencia forzada o frustraciones), o a tradiciones culturales (sometimiento de la mujer), sin tener en cuenta su origen. Una persona podrá estar más o menos condicionada por estos temores, pero en términos generales hay que aceptar que se imponen a todos los individuos de una determinada cultura, y no pueden eludirse. En cambio, el fibromiálgico no sólo comparte los temores comunes a todos los individuos de una cultura, sino que sufre además otras angustias que se distinguen por su intensidad y características de las correspondientes a su cultura, y que obedecen a ciertas condiciones propias de su vida individual, pero están vinculadas a las condiciones generales.

En segundo lugar, los temores reinantes en una cierta cultura suelen soslayarse mediante determinados recursos de protección institucionalizados en las costumbres. Por lo común tales defensas representan formas más saludables de resolver la angustia que las defensas que el fibromiálgico erige de distintas maneras. Así, aunque deba someterse a las aprensiones y defensas de su cultura, una persona normal de ordinario se hallará en condiciones de desarrollar todas sus capacidades y de gozar lo que la vida puede ofrecerle. En otros términos, al individuo normal y sano le es factible aprovechar al máximo las posibilidades brindadas por su cultura y no sufre sino lo imprescindible en estas condiciones. El fibromiálgico, en cambio, siempre sufre más que el individuo medio, pues de continuo se ve obligado a pagar un precio desorbitado por sus defensas, precio consistente en el menoscabo de su vitalidad y de su estado de salud, y en la restricción de sus capacidades de realización y de goce. Y es que el afectado de fibromialgia es siempre un sujeto que sufre, psíquica y físicamente.

La fibromialgia tiene otra característica esencial: la presencia de tendencias en conflicto, de cuya existencia, o por lo menos de cuyo contenido preciso el mismo fibromiálgico no se percata, ya que son inconscientes, y ante las cuales automáticamente procura alcanzar ciertas soluciones de compromiso, pero que van a ser siempre soluciones menos satisfactorias que las obtenidas por el individuo sano y establecidas con gran perjuicio para la personalidad y la salud.

Resumiendo estas consideraciones, todavía no podríamos dar una definición concisa de la psiquis de la fibromialgia, aunque atinamos a describirla: se trataría de un estado psíquico especial producido por temores, por defensas contra los mismos y por intentos de establecer soluciones de compromiso entre las tendencias en conflicto.

La fibromialgia, una alteración de la personalidad típica de nuestro tiempo

En muchos casos la fibromialgia puede presentarse en individuos cuya personalidad se haya intacta o inalterada, pero otras veces es inherente al carácter de la persona y se trata de un insidioso proceso crónico que por lo general comienza en la infancia y llega a afectar, con mayor o menor intensidad, a aspectos más o menos amplios de la personalidad. En estos casos el minucioso registro de los antecedentes suele demostrar que ya existían rasgos anormales del carácter mucho antes de que surgieran los síntomas fibromiálgicos propiamente dichos, y que el malestar actual obedece en gran medida a trastornos personales preexistentes a la enfermedad, de tal forma que el individuo reacciona de forma exagerada ante unas molestias físicas que apenas afectarían a otra persona.

Por otro lado, en este apartado no nos vamos a centrar tanto en el cuadro sintomático de la fibromialgia como en los trastornos de carácter que lleva aparejados, pues las deformaciones de la personalidad constituyen el fondo permanente de la persona con fibromialgia, mientras que los síntomas físicos, en sentido clínico, pueden variar o incluso llegar a remitir por completo.

Sentadas estas premisas, procede plantear la cuestión de si los pacientes con fibromialgia tienen en común rasgos tan esenciales como para permitirnos hablar de la «enfermedad caracterial de nuestro tiempo». Al analizar a personas de los más diversos tipos, edad, temperamento e intereses, procedentes de diferentes capas sociales que sufren diversas clases de fibromialgia, siempre comprobamos idénticos conflictos íntimos e interrelaciones semejantes en todos.

Si aceptamos que, en términos generales, la mayoría de los individuos de una cultura afronta idénticos problemas, se impone la conclusión de que éstos son creados por las condiciones específicas de vida que reinan en aquélla. Así, al hablar de la fibromialgia como un tipo de personalidad alterada propia de nuestro tiempo no sólo queremos decir que existen fibromiálgicos con peculiaridades esenciales comunes, sino también que estas similitudes básicas son, esencialmente, producto de las dificultades que reinan en nuestro tiempo y en nuestra cultura. Señalaremos luego, y hasta donde nuestros conocimientos sociológicos lo consientan, qué peculiaridades de nuestra civilización son responsables de los conflictos psíquicos que padece el fibromiálgico. Los psiquiatras deberían estudiar las distintas formas de fibromialgia que se presentan en culturas determinadas, pero no únicamente según los criterios formales de su frecuencia, gravedad de sus síntomas o su intensidad, sino, en especial, desde el punto de vista de cuáles son sus conflictos básicos subyacentes, las actitudes humanas accesibles a la observación más superficial.

Las actitudes así observables pueden clasificarse a grandes rasgos de esta manera: primero, actitudes respecto a dar y recibir cariño; segundo, actitudes respecto a la valoración de uno mismo; tercero, actitudes respecto al problema de la autoafirmación; cuarto, la agresividad; y quinto, la sexualidad.

En cuanto a las primeras, uno de los rasgos predominantes de los fibromiálgicos de nuestra sociedad es su excesiva dependencia de la aprobación o del cariño del prójimo. Todos deseamos ser queridos y sentirnos apreciados, pero en los fibromiálgicos la dependencia del afecto o de la aprobación resulta desmesurada. En la mayoría de los casos, además, no se dan cuenta de estos insaciables anhelos, pero los traducen en la sensibilidad con que reaccionan al no obtener la ansiada atención. Así, por ejemplo, pueden sentirse heridos por el mero hecho de que alguien no acepte sus invitaciones o deje pasar algún tiempo sin llamarles por teléfono, o incluso si se disiente con ellos en alguna opinión; tal hipersensibilidad es susceptible de ocultarse, no obstante, bajo una actitud de «¡qué me importa!».

Además, existe una notable contradicción entre su deseo de recibir cariño y su propia capacidad de sentirlo o de ofrecerlo. Su desmesurada exigencia de respeto a sus propios requerimientos puede ir unida a una falta total de consideración hacia los demás. Esta discordancia no siempre se manifiesta a primera vista, pues, por el contrario, la persona con fibromialgia puede mostrarse en exceso amable y afanosa de ayudar a todo el mundo. En este caso, se advierte inmediatamente que actúa por compulsión y no por espontáneo calor afectivo.

La inseguridad interior, expresada en esta dependencia de los demás, constituye el segundo rasgo que llama la atención al observar al fibromiálgico. Jamás faltan los característicos sentimientos de inferioridad y de inadecuación, que pueden manifestarse en una serie de formas —tal como la idea de incompetencia, de estupidez, de fealdad, etc.— y que pueden subsisitir aunque no posean ningún fundamento real. Las ideas acerca de la propia estupidez son susceptibles de aparecer hasta en personas de extraordinaria inteligencia; las de fealdad, inclusive en la más bella de las mujeres. Estos sentimientos de minusvalía pueden mostrarse abiertamente en la superficie, bajo forma de lamentaciones o preocupaciones, o bien los pretendidos defectos pueden ser aceptados como hechos inconmovibles, respecto de los cuales no vale la pena ni malgastar el menor pensamiento. Por el contrario, también es posible que estén encubiertos por inclinaciones compensadoras al autoelogio, por una propensión compulsiva a alardear, a fin de impresionar tanto a uno mismo como a los demás. Es posible que una u otra de estas tendencias ocupe el primer plano, mas en el común de los casos se percibirá la presencia de ambas.

El tercer grupo de actitudes, las que atañen a la autoafirmación, implican inhibiciones manifiestas. Por autoafirmación entendemos el acto de imponerse o de imponer las propias pretensiones, aplicando esta idea sin ninguna connotación que indique un excesivo afán de avasallar. En este sentido, las personas afectas de fibromialgia revelan una amplia serie de inhibiciones. Así, están inhibidos para expresar sus deseos o para pedir algo, para hacer cualquier cosa en su propio interés, para expresar opiniones o críticas justificadas, dar órdenes, seleccionar las personas con quienes desean relacionarse, establecer nexos con los demás, y así sucesivamente. También presentan inhibiciones respecto de lo que cabría llamar «imposición de uno mismo», pues suelen ser incapaces de defenderse contra los ataques ajenos o de decir «no» cuando no están dispuestos a acatar los deseos de otros. Les cuesta saber lo que de verdad quieren, tienen dificultades para tomar decisiones, para formarse opiniones y atreverse a expresar deseos, y una auténtica incapacidad para establecer planes, ya se refieran a un simple viaje o a la vida entera: los fibromiálgicos se dejan llevar como si flotaran en una corriente, inclusive tratándose de importantes decisiones —por ejemplo, las de la vida profesional o el matrimonio—, en lugar de tener nítidos conceptos acerca de lo que ambicionan en su existencia. Son arrastrados por miedos y temores ligados a la enfermedad que padecen.

En el cuarto grupo de dificultades, el relativo a la agresividad, incluimos aquellos actos que, a diferencia de los autoafirmativos, se dirigen evidentemente contra alguien, expresando una conducta de ataque, ofensa, acoso o cualquier otra disposición hostil. Los trastornos de esta índole se manifiestan de dos maneras por completo distintas. Una de ellas es la propensión a ser agresivo, dominador y exigente; a mandar, engañar o criticar. En ocasiones, el enfermo advierte su propia agresividad, pero otras veces no se percata de ella y está subjetivamente convencido de que, por el contrario, no es sino sincero o no hace más que expresar una opinión o incluso que es muy moderado en sus demandas, pese a ser éstas en realidad ofensivas y presuntuosas. En otras, tales trastornos se acusan de una manera opuesta. El fibromiálgico se siente fácilmente engañado, dominado, despreciado, tiranizado o humillado. No se da cuenta de que se trata de su propia percepción y está amargamente convencido de que todo el mundo se ensaña con él tratando de embaucarlo. Esta última actitud se observa con frecuencia en la consulta.

Las peculiaridades del quinto tipo, las de la esfera sexual, pueden clasificarse o bien como deseos compulsivos de actividad sexual, o bien como inhibiciones. Tales inhibiciones pueden manifestarse en cualquiera de las etapas conducentes a la satisfacción sexual y se expresan ya ante la mera aproximación de alguna persona del sexo opuesto, en las propias funciones sexuales o en el goce que éstas proporcionan. Todas las particularidades descritas en los apartados precedentes se manifiestan asimismo en las actitudes sexuales.

Podríamos extendernos mucho más en la caracterización de las mencionadas actitudes, pero ya tendremos ocasión de volver a ellas y, por otra parte, sería poco oportuno delinearlas con mayor detalle, dado que con ello no se gana en su comprensión. En efecto, a fin de comprenderlas mejor hemos de considerar previamente los procesos inconscientes que las provocan, pues al conocerlos advertiremos que todas estas actitudes, por incoherentes que parezcan, están íntimamente relacionadas entre sí.

LA ANGUSTIA COMO BASE DE LA FIBROMIALGIA

Antes de abordar la exposición detallada de una de las enfermedades más emblemáticas de nuestro tiempo, es preciso que retome uno de los cabos que he dejado sueltos al comienzo de esta exposición y aclare qué comprendemos con el término «angustia». Nada más importante, pues como ya se ha dicho, la angustia ante la enfermedad constituye el núcleo principal de la fibromalgia.

Hemos usado este término como sinónimo de «miedo», indicando así un parentesco entre los dos, pues ambos son, en efecto, reacciones afectivas ante el peligro, que pueden estar acompañadas por sensaciones físicas como temblor, sudor y palpitaciones cardíacas. Y, sin embargo, existen diferencias entre ambos conceptos.

Hablamos de angustia, por ejemplo, cuando una madre teme que su hijo se muera porque le ha salido un granito en la cara o porque tiene un ligero resfriado; pero si está atemorizada porque el niño sufre una grave enfermedad llamamos miedo a su reacción. Con esto ya tenemos una distinción clara: el miedo sería una reacción proporcionada al peligro al que se debe hacer frente, mientras que la angustia es una reacción desproporcionada al peligro, o inclusive una reacción ante riesgos imaginarios. Por otro lado, la intensidad de la angustia es proporcional al significado que la situación tenga para la persona afectada, aunque ella ignore en esencia las razones de su ansiedad. Así algunos fibromiálgicos están permanentemente dominados por la angustia de la muerte, pero sus mismos sufrimientos nutren, por otro lado, un secreto deseo de morir. Sus temores ante la muerte, combinados con sus ideas optativas ante la muerte y la enfermedad suscitan en ellos una poderosa aprensión, un fuerte y profundo recelo de peligros inminentes, aunque se ignoren las razones últimas de tales miedos.

Habiendo así establecido qué comprendemos por angustia, es necesario especificar el papel que desempeña en la génesis de la fibromialgia. Algunos afectados de esta enfermedad son perfectamente conscientes de que los acosa la angustia, pero sus manifestaciones son de lo más variables: pueden aparecer como ansiedad difusa, bajo la forma de accesos ansiosos, pero también es susceptible de estar vinculada a situaciones precisas, como la agorafobia o miedo a salir a la calle, a estar en espacios públicos o el temor al volverse loco o a padecer un cáncer. Otras personas reconocen que de vez en cuando sienten angustia, conociendo o no las condiciones que la provocan, pero sin atribuirle importancia alguna. Y finalmente otros fibromiálgicos sólo se percatan de que sufren depresiones, sentimientos de incapacidad, trastornos de la vida sexual y otras perturbaciones semejantes, pero no tienen la menor noción de haber sentido jamás angustia. Sin embargo, un análisis detenido suele mostrar que esto no es cierto, pues al estudiarlos vamos a encontrar invariablemente en lo profundo de su ser tanta angustia como en los casos del primer grupo, o más. En el curso del psicoanálisis estos fibromiálgicos adquieren conciencia de su angustia previa a los síntomas de la enfermedad, y llegan a recordar sueños de contenido ansioso o situaciones en las que sufrieron recelo o temor poco antes de empezar a sentirse enfermos.

Ahora bien, el grado de conciencia de un sentimiento no indica en modo alguno la magnitud de su fuerza o importancia; de hecho, podemos experimentar fugaces sentimientos de cariño, cólera, sospecha, odio o repulsión que jamás invaden la conciencia, y de forma tan pasajera que los olvidamos al momento siguiente. En cuanto a la angustia, esto no sólo significa que podemos hallarnos angustiados sin saberlo, sino también que la ansiedad es susceptible de ser el factor determinante de nuestra vida sin que poseamos la más ligera conciencia de ello.

Un elemento muy característico de este tipo de angustia es su carácter irracional. Dejarse gobernar por cualquier factor irracional les resulta más insoportable a algunas personas que a otras, en especial a aquellas que, en el fondo, perciben el secreto peligro de ser presas de sus conflictos irracionales y que han aprendido a ejercer siempre, y en todo momento, un estricto dominio intelectual sobre sí mismas. Así, no tolerarán conscientemente ningún elemento irracional, reacción que, además de a sus motivos individuales, se debe a un factor cultural, pues nuestra civilización actual otorga el máximo valor al pensamiento y a la conducta racionales, y estiman inferior la irracionalidad.

Otro de los elementos que discernimos en la angustia está, en cierta medida, vinculado con el anterior. Precisamente por su irracionalidad, la angustia es una advertencia implícita de que algo anda mal en nosotros y, por lo tanto, nos avisa de que debemos proceder a algún arreglo de nuestros mecanismos mentales. No es que la percibamos de manera consciente en forma de advertencia, pero en el fondo sabemos que lo es, lo aceptemos o no. A nadie le gustan semejantes invitaciones a efectuar cambios en su vida, e incluso podría decirse que nada despierta en nosotros tanta oposición como comprender que hemos de modificar alguna actitud. Sin embargo, cuanto más desesperadamente una persona se sienta atrapada en la compleja red de sus angustias y de sus mecanismos defensivos, cuanto más tienda a aferrarse a la ilusión de que es acertada y perfecta en todo, con tanta mayor energía rechazará de modo instintivo cualquier sugerencia de que algo no anda bien en ella y requiere ser modificado.

Nuestra cultura nos ofrece cuatro vías principales para escapar a la angustia: racionalizarla, negarla, narcotizarla o evitar toda idea, sentimiento, impulso o situación capaz de despertarla.

El primero de estos métodos, la racionalización, es el mejor recurso para eludir toda responsabilidad, y consiste en convertir la angustia en un temor racional. Por ejemplo, la persona con fibromialgia llega a obsesionarse con la idea de que padece «algo malo», ya admita que tiene angustia o la interprete como una aprensión justificada. Bien puede el médico repetirle hasta el infinito al fibromiálgico que su reacción ante la enfermedad no constituye un temor racional, sino una ansiedad, probándole su desproporción y su motivación por factores personales, que no dejará de contestarnos rechazando esta insinuación y procurará demostrarnos con toda energía que está en lo cierto al temer padecer algo muy grave que pone en peligro su vida.

Siempre que nos encontremos con una defensa tan enérgica de actitudes irracionales, podemos estar seguros de éstas cumplen una importante función en la mente del individuo. Así, en lugar de sentirse presa indefensa de sus emociones, el fibromiálgico está convencido de que se está enfrentando lo mejor que puede a su situación. En vez de reconocerla como una debilidad, se sentirá orgulloso de su obsesión por su estado de salud. En lugar de verse forzado a admitir que su actitud está saturada de elementos irracionales, se siente completamente racional y justificado. Lejos de reconocer y cumplir la advertencia de enmendar su actitud, puede continuar atribuyendo su malestar a esa misteriosa enfermedad que se ha cebado en él, soslayando así la necesidad de encarar sus propias motivaciones. Desde luego, tales ventajas momentáneas le cuestan el precio de no poder librarse jamás de sus molestias y preocupaciones, y son la familia y las personas cercanas quienes pagan las consecuencias. Pero la persona afecta de fibromialgia no lo entiende así, y en última instancia, tampoco quiere entenderlo, pues en lo más profundo de su ser se aferra a la ilusión de que nada necesita reformar en sí misma y que ella es sólo una víctima de una cruel e injusta enfermedad.

El segundo recurso para escapar a la angustia consiste en negar su existencia, excluyéndola de la conciencia. Lo único que se exterioriza entonces de la angustia son sus manifestaciones somáticas, o sea el temblor, el sudor, las palpitaciones, las sensaciones de sofocación, la frecuente necesidad de orinar, la diarrea, los vómitos y, en la esfera mental, una sensación de inquietud, de ser impulsado o paralizado por algo desconocido.

La tercera manera de librarse de la angustia consiste en narcotizarla, ya sea literal o conscientemente, con el alcohol y los psicofármacos (sedantes, tranquilizantes, antidepresivos), o con muchos otros recursos de función anestésica no tan evidente. Uno de ellos es el de precipitarse en las actividades sociales por miedo a quedarse a solas con uno mismo, siendo indiferente si este temor se reconoce como tal o si únicamente aparece como una vaga sensación de desasosiego. Otra forma de narcotizar la angustia es la de ahogarla en el trabajo, que se acomete de forma compulsiva. La inquietud aparece los domingos y días festivos. Idéntico fin puede cumplirse por la necesidad desorbitada de dormir, aunque por lo general en la fibromialgia dormir no proporciona un gran reposo.

La cuarta posibilidad para escapar a la angustia es, sin duda alguna, la más radical: consiste en rehuir toda situación, idea o sentimiento capaces de despertarla. A veces la persona se percata de su angustia y, al mismo tiempo, de que procura evitarla. Pero también puede ocurrir que sólo tenga escasa o ninguna conciencia de la angustia y que sólo advierta vagamente, o nada en absoluto, su tendencia a eludir ciertas situaciones y actividades. Puede, por ejemplo, aplazar de forma indefinida la solución de cualquier asunto que, sin saberlo el propio sujeto, entraña angustia, como tomar una decisión, recoger unos análisis o acudir a la consulta del médico. O bien «fingir», es decir, despojar subjetivamente de toda importancia a ciertas actividades inminentes, como participar en una discusión, impartir órdenes a los empleados o iniciar la separación de su pareja. Del mismo modo puede «fingir» que no le agrada hacer ciertas cosas, razón por la cual las descarta.

Dando un paso más, encontramos el fenómeno de la inhibición. Consiste en la incapacidad de hacer, sentir o pensar determinadas cosas, y su función es evitar la angustia que se produciría si la persona pretendiese hacerlas, sentirlas o pensarlas. Entonces el sujeto no tiene conciencia de la angustia ni es capaz de superar su inhibición mediante un esfuerzo consciente. Un ejemplo son la frigidez y la impotencia que se presentan en la esfera sexual. En la esfera mental, el fenómeno más representativo es la inhibición de la capacidad de concentración.

Un importante factor susceptible de impedir la conciencia de la inhibición interviene cuando ésta desempeña un papel tan significativo en la vida del sujeto que éste prefiere aceptarla como un hecho inmutable. Si el fibromiálgico sufre, como es frecuente, una angustia invencible al realizar cualquier clase de trabajo, con la consecuencia de que el menor intento de emprender una tarea le produce intensa fatiga, puede insistir en que no dispone de fuerzas suficientes para acometer labor alguna: esta creencia le protege, sin duda, pues si admitiese la existencia de la inhibición podría verse obligado a retornar al trabajo, exponiéndose así a la temida angustia. La mayoría de los pacientes de fibromialgia que he tratado sueñan con conseguir una incapacidad laboral permanente y definitiva, que les convierta oficialmente en inválidos para cualquier actividad. Ésa es su manera de luchar contra la angustia.

Para el fibromiálgico, acometer actividades que suscitan angustia le despierta sensaciones de esfuerzo excesivo, fatiga o agotamiento, que enseguida atribuye a su enfermedad. Por ejemplo, una enferma que traté hace algún tiempo, que se estaba curando de su miedo a caminar sola por la calle, pero que aún sufría con ello una angustia bastante acentuada, se sentía completamente rendida después de un corto paseo alrededor de su casa. Que este agotamiento no obedecía a debilidad física alguna estaba demostrado por la circunstancia de que ella misma realizaba todas las tareas domésticas de su hogar sin experimentar el menor cansancio. Era la angustia vinculada al andar por la calle la que producía en ella agotamiento; sin embargo, esa angustia había disminuido lo suficiente como para permitirle un pequeño paseo por el exterior, pero esta actividad todavía bastaba para dejarla extenuada. Muchos de los trastornos que comúnmente se atribuyen al agotamiento causado por la fibromialgia no son provocados, en realidad, por el esfuerzo mismo, sino por la angustia que provoca el trabajo o las relaciones con los compañeros en el entorno laboral.

Por otro lado, la angustia en conexión con una actividad suele malograr el placer que ésta provocaría en otras circunstancias, y así las relaciones sexuales que tienen lugar bajo una fuerte ansiedad no proporcionan el menor placer, y si la persona no advierte su angustia, tendrá la impresión de que esas relaciones nada significan ya para ella.

En resumen, el enfermo de fibromialgia puede padecer, en realidad, mucha más angustia de lo que parece en un principio, o experimentarla sin percatarse de ella en lo más mínimo, pudiendo encubrirla tras sus sentimientos de malestar físico, como el dolorimiento generalizado y la fatiga, y esconderla bajo toda una serie de temores que parecen racionales y justificados. En síntesis, la hallaremos frecuentemente como causa de la incapacidad de hacer o disfrutar ciertas cosas, y siempre nos encontraremos con ella como factor causal de las inhibiciones.

Debido a diversas circunstancias, nuestra cultura engendra de por sí una gran cantidad de angustia en casi todos los individuos, de ahí que prácticamente todos hayamos erigido en torno a nosotros una u otra de dichas defensas. Ahora bien, en el caso de la personalidad fibromiálgica, esas defensas y el número de tareas que es incapaz de cumplir o que ni siquiera se propone acometer, serán mayores cuanto más arraigada esté la enfermedad, a pesar de que, de acuerdo con su vitalidad real, con sus capacidades mentales o con su educación cabría esperar que pudiese realizarlas. En pocas palabras, cuanto más avanzada esté la fibromialgia, tanto más inhibiciones presentará el enfermo.

La hostilidad frente al mundo

Al estudiar la diferencia entre el miedo y la angustia establecimos, como primer resultado, que la angustia es un miedo que entraña esencialmente un factor subjetivo. Pero ¿cuál es la naturaleza de ese factor?

Comencemos por describir la experiencia de la persona con fibromialgia que sufre angustia: experimenta el sentimiento de un peligro poderoso e ineludible ante el cual se halla totalmente inerme. Cualquiera que sea la manifestación de la angustia, ya se trate de un temor hipocondríaco a padecer un cáncer o una enfermedad invalidante o cualquier otra aprensión similar, siempre descubriremos los dos factores: un peligro abrumador y la indefensión frente al mismo. A veces parece como si la fuerza ante la cual se siente desvalida procediera del exterior (radiaciones, virus u otros peligros del medio ambiente); otras, lo peligroso parece amenazar desde su interior (miedo a reaccionar mal a los tratamientos); finalmente, en ocasiones el peligro es vago e intangible, como suele ocurrir en los accesos de angustia.

Estos sentimientos, no obstante, no constituyen por sí solos características exclusivas de la angustia, dado que pueden ser exactamente iguales en cualquier circunstancia que presente un peligro real abrumador y una indefensión no menos real y objetiva frente a éste; por ejemplo, imaginemos la experiencia de una persona a la que le comunican que padece un cáncer incurable con metástasis. En este caso es normal sentir miedo, pero el peligro existe, y el sentimiento de encontrarse desarmado también está condicionado por la realidad. Cuando se trata de angustia, el peligro es determinado o magnificado por factores intrapsíquicos y la indefensión se halla configurada por la propia actitud del sujeto.

El problema del factor subjetivo que interviene en la angustia de la fibromialgia se reduce a una pregunta más precisa: ¿cuáles son las condiciones psíquicas que crean el sentimiento de un poderoso peligro inminente y la actitud de indefensión frente al mismo? Tal es la cuestión que debe plantearse el psicoanalista. Ahora bien, no debemos olvidar que ciertas condiciones químicas del organismo, y en especial la acción de ciertos neurotransmisores cerebrales de los que ya hemos hablado, son capaces de provocar la sensación y las manifestaciones somáticas de la angustia. Si son los problemas psicológicos los que causan esta alteración de los neurotransmisores o si su desequilibrio desemboca en un trastorno psíquico es algo que todavía está por dilucidar.

Para el psicoanálisis tradicional, el factor subjetivo implícito en la angustia reside en nuestros propios impulsos instintivos. En otras palabras, tanto el peligro anticipado por la angustia como el sentimiento de indefensión respecto a él serían desencadenados por la fuerza explosiva de nuestros propios impulsos.

En principio, cualquier impulso tiene la capacidad potencial de provocar angustia, siempre que su descubrimiento o su realización choquen con otros intereses o necesidades vitales y siempre que sea lo bastante imperativo o apasionado. En épocas pasadas, cuando existían estrictos y precisos tabúes sexuales, ceder a los impulsos eróticos a menudo significaba un verdadero peligro. En nuestra época, la actitud social en todo lo concerniente a la sexualidad se ha vuelto tan indulgente que poca gente se siente hoy atemorizada o abrumada por sus instintos sexuales, y únicamente en casos excepcionales se demuestra que los impulsos sexuales constituyen la fuerza dinámica de la angustia, aunque a menudo se comprueba que las personas afectadas de fibromialgia sufren angustia en relación con la actividad sexual, o tienen inhibiciones en ésta como consecuencia de aquélla. No obstante, un análisis más detenido prueba que por lo común el fundamento de la angustia no radica en los impulsos sexuales en sí, sino en impulsos hostiles vinculados a ellos.

La realidad es que los impulsos hostiles de las más variadas especies constituyen la fuente principal de la mayoría de los trastornos fibromiálgicos. Todo impulso hostil agudo puede ser una causa directa de angustia si su realización contraría los intereses del propio sujeto. Sirva un ejemplo para ilustrar muchos otros. Una joven recién casada emprende una excursión por la montaña con su marido, del cual está muy enamorada. No obstante, siente un violento furor y resentimiento contra él pues sospecha que la engaña con otra mujer. Al recorrer un peligroso sendero sufre un grave acceso de angustia, con respiración débil y palpitaciones, pues acaba de experimentar el impulso consciente de empujarlo hacia el precipicio. Las angustias de esta especie tienen la misma estructura que las emanadas de fuentes sexuales: obedecen a un impulso compulsivo que, de realizarse, significaría una catástrofe para esa persona.

Sin embargo, en la gran mayoría de la gente la conexión causal directa entre la hostilidad y la angustia está lejos de ser evidente. Así, para demostrar por qué los impulsos hostiles representan la principal fuerza psicológica productora de angustia en la fibromialgia, será menester exponer las consecuencias psicológicas de la represión de la hostilidad.

Reprimir la hostilidad significa «fingir» que todo va bien, abstenerse de luchar cuando se debería o, por lo menos, cuando se desearía hacerlo. De ahí que la primera consecuencia inevitable de esa represión sea la de generar un sentimiento de indefensión o, para ser más exactos, la de reforzar un sentimiento preexistente de absoluta carencia de defensa. La opción de dominar o reprimir la hostilidad no se halla a nuestro alcance, pues la represión es un proceso de tipo reflejo que se produce siempre que en una situación particular nos resulta insoportable admitir que nos anima un impulso hostil. Las principales razones que tornan intolerable la conciencia de la hostilidad estriban en que se puede amar o necesitar a una persona a quien al mismo tiempo se odia; que no se quieren ver los motivos de esta hostilidad, como, por ejemplo, la envidia y la codicia; o bien que acaso sea terrible reconocer en uno mismo la hostilidad para con el prójimo. En circunstancias semejantes, la represión es el camino más corto y breve para recuperar de inmediato la seguridad y la calma. Gracias a la represión, la aterradora hostilidad desaparece de la conciencia o se mantiene lejos de ella: al reprimir la hostilidad, el sujeto carece ya de toda noción de que es hostil.

Sin embargo, la vía más rápida hacia la seguridad y el aparente bienestar psíquico no es, necesariamente, la que a la larga ofrece mayores ventajas. Gracias al proceso de la represión, la hostilidad o «rabia» es excluida de la percepción consciente, aunque no por ello abolida, pues se agita en el fondo de la mente como un sentimiento muy explosivo, presto a la erupción y tendente a descargarse. A veces se manifiesta en los sueños como escenas violentas o de miedo.

Las consecuencias de la represión de la hostilidad pueden bastar, por sí solas, para engendrar angustia, siempre que la hostilidad y su eventual peligro para los demás intereses de la persona sean lo bastante grandes. La represión en sí ocasiona precisamente ese estado característico de la ansiedad: un sentimiento de encontrarse inerme frente a algo percibido por el sujeto como un peligro insuperable que le amenaza desde afuera, en este caso una enfermedad invalidante como es la fibromialgia.

Aunque en principio son muy simples las etapas que conducen a la angustia, en la práctica suele ser difícil comprender las condiciones bajo las cuales se presenta. Uno de los factores que complican su aparición es que los impulsos hostiles reprimidos con frecuencia no se proyectan hacia la persona que es su objeto real, sino a algún otro personaje sustitutivo. Así por ejemplo, una paciente de fibromialgia a la que traté hace algún tiempo, después de haber reprimido impulsos hostiles contra su marido, al final acabó aborreciendo a todos los médicos a los que consultaba su enfermedad, pues según ella eran unos inútiles que no conseguían aliviarla y sólo pretendían sacarle el dinero. Las razones para desvincular la angustia de la persona objeto de ella son harto comprensibles. Este caso, como muchos otros parecidos, se ajusta a la máxima de negar de modo rotundo su hostilidad. Reprimiéndola, la persona consigue negar su existencia en sí misma, y al proyectar luego la hostilidad así reprimida —por ejemplo, hacia su médico— también niega su existencia en los demás. Muchos matrimonios ilusoriamente felices reposan sobre esta política del avestruz.

El hecho de que la represión de la hostilidad lleve con inexorable lógica a la producción de angustia no implica que también ésta deba manifestarse cada vez que dicho proceso tiene lugar. De hecho, la ansiedad puede ser eliminada instantáneamente por diversos mecanismos defensivos. En la fibromialgia, al sujeto le es posible protegerse mediante recursos como, por ejemplo, el de experimentar una desmesurada necesidad de descanso y reposo o el de abusar del consumo de todo tipo de fármacos sedantes y ansiolíticos.

La relación entre la hostilidad y la angustia no se circunscribe sólo a la tendencia de la primera a producir la segunda. En efecto, el proceso también puede ocurrir a la inversa: la angustia, cuando obedece al sentimiento de amenaza de un peligro, puede a su vez desencadenar con facilidad una reacción defensiva de hostilidad. Asimismo, la hostilidad reactiva es capaz de producir más angustia, si es reprimida, creándose de tal manera un auténtico círculo vicioso. Esta interacción entre la hostilidad y la angustia, que sin cesar se generan y refuerzan mutuamente, nos permite entender por qué en la fibromialgia nos encontramos con tan implacable hostilidad hacia el médico o terapeuta en general.

Ya ha quedado pues claro que todo impulso cuya expresión acarrearía un peligro exterior puede producir angustia. Es evidente que los impulsos sexuales caen dentro de esta categoría, pero sólo si hay estrictos tabúes sociales que los vuelvan peligrosos. En nuestros días, no está claro que la sexualidad pueda ser, por sí sola, una fuente específica de angustia, y son más bien los impulsos hostiles reprimidos los que constituyen efectivamente motivo de ansiedad. Formulemos pues, en términos simples y prácticos el concepto expuesto en este apartado. Cada vez que en una persona fibromiálgica hallamos angustia o manifestaciones de ella, debemos plantearnos dos sencillas cuestiones: ¿qué punto sensible ha sido herido, generando la consiguiente hostilidad?; ¿qué factores explican la necesidad de la represión? Conforme a nuestra experiencia, un estudio del paciente con fibromialgia orientado en estos sentidos suele llevar a la total comprensión de su angustia.

En este enfoque no debemos olvidar nunca que la formación de la angustia comienza en la primera infancia. En esa época se ponen los cimientos de lo que los psicoanalistas denominan «angustia básica». Por consiguiente, la angustia ulterior de la vida adulta contendrá, entre otros, los elementos condicionados por los conflictos específicos de la infancia. Un exhaustivo análisis de las vivencias traumáticas infantiles se revela pues indispensable para dilucidar el origen de la fibromialgia de nuestros pacientes.

LOS TRAUMAS INFANTILES COMO ORIGEN DE LA FIBROMIALGIA

Examinando la historia infantil de gran número de personas con fibromialgia, hemos comprobado que el denominador común de todas radica en un ambiente que, en diversas combinaciones, presenta las características siguientes.

El factor básico es, sin excepción, la falta de auténtico afecto y cariño. Un niño puede soportar muchísimas de las vivencias catalogadas como traumáticas, siempre que en su intimidad se sienta querido y amado. Superfluo es decir que el niño percibe con toda sutileza si el amor es genuino, resultando imposible engañarle con ninguna clase de demostraciones simuladas. El principal motivo de que un niño no reciba suficiente cariño reside en la propia incapacidad de los padres para dar afecto. En la mayoría de los casos la ausencia fundamental de afecto se disfraza con habilidad, los padres pretenden que sólo les preocupa el bienestar de su hijo. La sobreprotección y la abnegación de una madre «ideal» (en el fondo profundamente amargada y frustrada) son los agentes básicos que crean una atmósfera que, más que cualquier otra, pone los cimientos de ulteriores sentimientos de profunda inseguridad.

Por otra parte, ciertas acciones o actitudes de los padres no pueden menos que suscitar hostilidad: su preferencia por otros hermanos, los rechazos injustos, los cambios imprevistos de la extrema indulgencia al rechazo desdeñoso, el incumplimiento de promesas, y finalmente, una actitud frente a las necesidades del niño que oscila desde la ocasional falta de toda atención hasta la permanente interferencia con sus deseos más legítimos, como entrometerse en sus amistades, ridiculizar sus ideas o malograrle todo interés por sus propias empresas, sean artísticas, deportivas o intelectuales.

Los trabajos psicoanalíticos acerca de los factores que desencadenan la hostilidad infantil subrayan, en primer término, la frustración de los deseos del niño, especialmente los sexuales, así como los celos infantiles. Ahora bien, la observación demuestra, de forma indudable, que los niños son capaces de tolerar muchas más privaciones, siempre que en su fuero interno consideren que son justas, acertadas, necesarias o motivadas por una cierta finalidad. Tampoco le preocupa al niño algún que otro castigo, siempre que se sienta seguro de ser amado en general y pueda juzgarlo como una medida ecuánime, y no aplicado con intención de herirlo o humillarlo. Es difícil decidir si la frustración en sí provoca hostilidad, pero está claro que antes que las frustraciones mismas, importa el espíritu con el cual son impuestas.

Evidentemente, los celos pueden constituir motivos violentos de odio, tanto en los niños como en los adultos. No caben dudas respecto del papel que los celos entre los hermanos y los celos de uno de los padres son susceptibles de desempeñar en los futuros fibromiálgicos, ni de la influencia permanente que esta actitud pueda ejercer en la vida. Los padres que crean en su hogar esta atmósfera enrarecida, suelen estar poco satisfechos de su propia vida, carecen de relaciones afectivas o sexuales satisfactorias y, por consiguiente, tienden a descargar su amor en los hijos. Las expresiones de este afecto no siempre poseen un tono sexual, pero siempre tienen una elevada carga emocional.

Solemos aceptar que la aversión hostil hacia la familia o hacia algún miembro de ésta perjudica el desarrollo del niño, y claro está, es desfavorable que éste deba luchar contra la conducta de sus propios padres; pero si su antagonismo es fundado, el riesgo en lo referente a la formación del carácter no radica tanto en experimentar o expresar una protesta cuanto en reprimirla. La represión de críticas, protestas o acusaciones entraña diversos peligros, uno de los cuales es que el niño tiende a asumir toda la culpa y a sentirse indigno de ser amado. Por otro lado, la hostilidad reprimida puede suscitar angustia y de esta manera desencadenar el proceso que ya hemos descrito. Múltiples razones son susceptibles de llevar a un niño criado en semejante atmósfera a reprimir su hostilidad; entre ellas se cuentan la indefensión, el miedo, el amor y los sentimientos de culpa.

En cuanto al sentirse inerme o indefenso, suele considerárselo como un mero hecho biológico: durante largos años el niño depende realmente del medio para satisfacer sus necesidades, puesto que dispone de menos fuerza física y experiencia que los adultos. Ahora bien, el grado en que los niños dependen de sus padres es muy variable, según lo que guíe a éstos en su educación, es decir, que tiendan a querer hacerlos fuertes, valientes, independientes y capaces de enfrentarse con toda clase de situaciones, o su tendencia dominante la de amparar al niño, manteniéndolo obediente, sumiso e ignorante de la vida hasta pasados los veinte años o aún más. En los niños que se desarrollan bajo condiciones adversas, la indefensión suele reforzarse artificialmente por procedimientos intimidatorios, los mimos o el hecho de colocar y preservar al niño en un estado de dependencia emocional. Cuanto más indefenso permanezca, tanto menos se atreverá a sentir o a mostrar la menor oposición y tanto más quedará aplazada ésta. El sentimiento subyacente de esta situación, o por decirlo así, su lema, es: «Tengo que reprimir mi hostilidad porque te necesito».

El miedo puede ser provocado directamente por amenazas, prohibiciones y castigos o por accesos de ira y escenas violentas presenciadas por el niño, pero también puede responder a intimidaciones indirectas, como la de amenazar al niño con los mayores peligros de la vida, como microbios, accidentes, gente extraña, niños malos, etc. Cuanto más tímido sea el niño, tanto menos se atreverá a mostrar o inclusive a sentir hostilidad, situación cuyo lema es: «Debo reprimir mi hostilidad porque te tengo miedo».

También el amor es una de las razones que llevan a reprimir la hostilidad. Cuando falta el verdadero cariño, los padres suelen reemplazarlo con verborrágicas protestas de cuánto aman al niño y hasta qué punto sacrificarían por él hasta la última gota de su sangre. Particularmente si se lo intimida en otros sentidos, el niño puede aferrarse a estos sucedáneos del auténtico amor, temeroso de manifestar su rebeldía por miedo a perder la recompensa de su docilidad. En semejantes situaciones, el lema fundamental sería: «Tengo que reprimir mi hostilidad por miedo a perder tu amor».

Hasta ahora hemos considerado los casos en que el niño reprime su hostilidad contra los padres por miedo a que la más mínima expresión malogrará las relaciones con éstos. Al proceder así, le impulsa el mero temor de que estos poderosos gigantes lo abandonen o incluso se vuelvan contra él. Además, en nuestra cultura, el niño de ordinario es obligado a sentirse culpable por cualquier sentimiento de hostilidad u oposición, es decir, se le hace sentirse indigno o despreciable ante sí mismo si se aventura a expresar o sentir algún resentimiento contra los padres o a transgredir las reglas establecidas por ellos. El lema de esta situación será pues el siguiente: «Tengo que reprimir mi hostilidad, pues de lo contrario sería un niño malo».

En diversas combinaciones, cualquiera de los factores mencionados es susceptible de llevar a un niño a reprimir su hostilidad, produciéndole la consiguiente angustia.

¿Pero acaso toda angustia infantil puede conducir a una fibromialgia? Está claro que no: la angustia infantil es un factor necesario, pero no una causa suficiente para el desarrollo posterior de la enfermedad. Las circunstancias favorables, así como los oportunos cambios de ambiente o las influencias contrarrestantes de cualquier especie, pueden evitar la decidida evolución hacia la fibromialgia. Por ejemplo, si el niño tiene la fortuna de que lo rodeen abuelos cariñosos, maestros comprensivos o algunos buenos amigos, sus experiencias con éstos pueden evitar que espere únicamente maldades de todo el mundo. Pero cuanto más duras sean sus experiencias en el círculo familiar, tanto mayor será su inclinación a desarrollar una actitud desconfiada o rencorosa ante todo el mundo, y cuanto más encubra su inquina contra su propia familia, adaptándose, por ejemplo, a todas las actitudes de los padres, en mayor grado proyectará su angustia al mundo exterior, llegando a convencerse a sí mismo de que el «mundo» es peligroso y terrible.

Un niño que haya crecido dentro de semejante atmósfera habrá perdido la certeza de que se le quiere y aprecia, e interpretará hasta la broma más inocente como una cruel ofensa, sintiéndose fácilmente herido y lastimado.

Los factores mencionados y otros similares favorecen o producen un estado caracterizado por el sentimiento insidiosamente progresivo de encontrarse solo y desarmado en medio de un mundo hostil. De esta manera, cada una de las reacciones frente a cada uno de los estímulos que las provocan poco a poco cristalizan en una postura general del carácter, que constituye el suelo fértil en el que podrá generar en el futuro una fibromialgia.

Esta «angustia básica» subyacente es relativamente igual en todos los pacientes fibromiálgicos, y difiriere sólo en amplitud e intensidad. Puede describirse a grandes rasgos como un sentimiento de ser pequeño e insignificante, de estar inerme, abandonado y en peligro, expuesto a un mundo dispuesto a abusar, engañar, agredir, humillar, traicionar y envidiar. Una de mis enfermas de fibromialgia expresó este sentimiento mediante un dibujo donde se representaba a sí misma como una niña pequeña, indefensa y desnuda, rodeada de monstruos amenazantes, tanto humanos como animales, prestos a atacarla.

Ahora bien, los fibromiálgicos raramente se percatan de su angustia u hostilidad básicas, o al menos no les conceden la importancia que tienen en su vida y en su enfermedad. Una de mis pacientes, que en sueños se veía como un pequeño ratón obligado a refugiarse en una cueva para no ser aplastado —ilustrando así, por medio de una imagen certera, cómo actuaba en la vida—, no tenía la más remota idea de que en realidad tuviese miedo de alguien, y declaraba no saber lo que era la angustia. Una desconfianza básica frente a la generalidad puede encubrirse con el convencimiento superficial de que «todos» son muy simpáticos, y el enfermo coexiste con relaciones en apariencia buenas con los demás.

Aunque la problemática relación con otras personas sea la causa básica de la angustia, es posible que se despersonalice y se troque en un sentimiento de amenaza por problemas políticos o económicos, microbios y todo tipo de gérmenes, accidentes, alimentos contaminados, o de estar condenado por el destino y la mala suerte a un enfermedad fatal. El médico experto reconoce con facilidad la base de todas estas actitudes, pero se requiere un intenso trabajo psicoanalítico con el paciente para que éste advierta que su angustia no se refiere en verdad a los gérmenes ni a los contaminantes ambientales, sino a personas reales; y que su ira contra éstas no es una reacción adecuada y justificada frente a una provocación real, sino que es el fibromiálgico el que se ha vuelto básicamente hostil respecto a los demás y desconfiado frente a todo el mundo.

Antes de describir las consecuencias de la angustia básica en la fibromialgia, examinaremos una cuestión que acaso haya surgido ya en la mente de algún lector. En efecto, la actitud de angustia y hostilidad básicas frente a los demás, que hemos calificado como elemento esencial de la fibromialgia, ¿no es una actitud «normal» que todos compartimos, aunque quizás en menor grado? Al abordar este tema es preciso distinguir dos puntos de vista.

Si usamos el término «normal» en el sentido de una actitud humana general, cabría decir que, en efecto, todos nos sentimos inermes ante fuerzas más poderosas que nosotros, como la vejez, la muerte, las enfermedades, las catástrofes naturales, los sucesos políticos y económicos y los accidentes. El desvalimiento de nuestra infancia nos suministra la primera experiencia de esta índole, y conservamos la noción así adquirida durante toda la existencia. Dicha angustia comparte con la angustia básica su característica de indefensión ante poderes superiores e inescrutables, pero no implica una actitud de hostilidad por parte de éstos.

En cambio, si empleamos el término «normal» en el sentido de lo que es normal en nuestra cultura actual, hemos de reconocer que, en nuestros días, la experiencia vital suele llevar a las personas a adoptar una mayor reserva frente a los otros conforme va alcanzando su madurez, a ser más prudente antes de depositar su confianza en el prójimo, a reconocer que con frecuencia los actos humanos no son sinceros, sino dictados por la cobardía, la conveniencia o la pura maldad. Si se trata de una persona honesta, no vacilará en aplicarse a sí misma este mismo juicio; en caso contrario, verá con mayor claridad todos estos atributos negativos en los demás. En todo caso, desarrollará una actitud análoga a la angustia básica, con la diferencia de que la persona sana y madura no se siente totalmente inerme frente a estos defectos humanos y conserva cierta capacidad para mostrar amabilidad y confianza ante determinadas personas, pues posee una capacidad de discriminación en este sentido de la que carece el fibromiálgico. Esta diferencia tal vez se explique por el hecho de que el sujeto sano ha padecido la mayoría de sus experiencias desgraciadas o traumáticas a una edad en que fue capaz de asimilarlas, mientras que el fibromiálgico las sufrió cuando aún no podía dominarlas ni asimilarlas y, debido a su indefensión, reaccionó ante ellas con angustia.

La angustia básica conlleva determinadas consecuencias en cuanto a la actitud del fibromiálgico respecto de sí mismo y de los demás. Esto significa, de hecho, un aislamiento emocional, tanto más difícil de soportar cuanto que va acompañado de una sensación de debilidad intrínseca. Entraña también un debilitamiento del fundamento mismo en que reposa la autoconfianza. Se establece así el germen de un conflicto potencial entre el deseo de confiar en los demás y la incapacidad de abandonar esta inclinación. Implica también que por su debilidad intrínseca el enfermo siente el deseo de descargar toda responsabilidad sobre los demás, de ser protegido y amparado, mientras que la hostilidad básica lo convierte en realidad en un ser desconfiado que no quiere ceder a este deseo.

Cuanto mas intolerable sea la angustia, tanto más extremas deberán ser las medidas para protegerse de ella. En nuestra cultura disponemos de cuatro recursos fundamentales para escudarnos ante la angustia básica: el cariño, la sumisión, el afán de poder y el aislamiento.

En primer lugar, procurarse cariño en cualquiera de sus formas puede constituir una fuerte protección frente a la angustia, mecanismo que respondería al lema interno de «Si me quieres, no me harás mal».

En segundo término, el sometimiento puede subdividirse según concierna a personas concretas o a instituciones. Un ejemplo es la sumisión a las normas tradicionales de conducta de determinada sociedad, a los ritos de una religión o a los requerimientos de algún partido político o secta. En estos casos, la obediencia a tales reglas se convertirá en el motivo determinante de la conducta en general.

En cambio, si la actitud de docilidad no concierne a ninguna institución concreta, sino que adopta la forma más general de complacencia con los posibles deseos de todos, y evitar cuanto pudiese despertar resentimiento, el individuo reprime toda exigencia y crítica para con los demás, se muestra dispuesto a que abusen de él, sin defensa alguna, y se brinda siempre a ayudar al prójimo sin esperar nada a cambio. A veces se percata de que sus actos se generan en la angustia, pero por lo general no lo suele reconocer y por el contrario está persuadido de que obra impulsado por un ideal de altruismo y de abnegación que llega hasta la renuncia a sus propios deseos. Tanto en la forma definida como en la general de la sumisión, el lema interno rector es: «Si cedo en algo, no me harán mal».

La actitud de sumisión también puede servir al propósito de obtener el tan ansiado cariño, como muy bien saben muchas mujeres. Cuando éste alcanza tal importancia en una persona que su sentimiento de seguridad en la vida depende de la estabilidad de su vida amorosa, estará dispuesta a pagar cualquier precio por el cariño, disposición que, en el fondo, implica siempre someterse a los deseos ajenos. Sin embargo, el enfermo de fibromialgia a menudo es ya incapaz de creer ni interesarse en ningún cariño, y su actitud de sumisión no perseguirá el propósito de atraerlo, sino de lograr protección.

La tercera tentativa de resguardarse contra la angustia básica consiste en recurrir a conseguir el poder, tratar de arribar al sentimiento de seguridad conquistando un éxito real, posesiones materiales, la admiración de los demás o la superioridad intelectual. El lema interno que gobierna estos intentos de protección es: «Si soy poderoso, nadie podrá dañarme».

El cuarto mecanismo de protección es el aislamiento. Los casos anteriores de intentos de autoprotección tenían en común la disposición a lidiar con el mundo, a superarlo de una u otra manera. Sin embargo, alguien también puede lograr sentirse protegido retirándose totalmente del mundo. Ello no implica recluirse en un desierto o vivir en radical soledad, sino independizarse de los demás en el grado en que sean capaces de afectar las propias necesidades externas o internas. La emancipación frente a las necesidades exteriores puede alcanzarse por ejemplo acumulando posesiones. Esta motivación de la búsqueda de propiedades materiales difiere por completo de la que busca lo mismo pero para ganar influencia o poder; además, también es muy distinto el empleo que se hace de los bienes. Cuando éstos son acumulados en prosecución de independencia, el sujeto suele sentir excesiva angustia para gozar de ellos, atesorándolos con avaricia con el único objetivo de protegerse ante cualquier eventualidad. Otra medida encaminada al propósito de alcanzar independencia respecto a los otros consiste en restringir al mínimo las necesidades personales.

La independencia frente a las necesidades afectivas se puede obtener procurando desvincularnos sentimentalmente del prójimo, de suerte que nada ni nadie pueda defraudarnos ni herirnos, aunque eso significa ahogar todas las exigencias afectivas. En este caso, el lema interno es: «Si me aíslo, nada podrá dañarme».

Estas diversas tentativas de protección contra la angustia básica cumplen un destacado papel en la génesis y mantenimiento de la fibromialgia, y hay que dejar claro que no responden al deseo de satisfacer un anhelo de goce o felicidad, sino al impulso de alcanzar un cierto sentimiento de seguridad. Cualquiera de los cuatro mecanismos descritos, perseguido solo o predominantemente, es susceptible de ofrecer al fibromiálgico el espejismo de su ansiada tranquilidad, siempre que su situación vital le permita aplicar esos recursos sin incurrir en conflictos, aunque por lo general la tendencia a emplear sólo uno de estos mecanismos suele traer aparejado un marcado empobrecimiento de la personalidad integral. Por ejemplo, una mujer que emprenda el camino de la sumisión ante los hombres puede alcanzar grandes satisfacciones emocionales y económicas en una cultura que demanda tales actitudes de la mujer. Si es un hombre de negocios o un político quien desarrolla un insaciable afán de poder y posesiones, su resultado también puede ser la consecución de éxito en la vida. Sin embargo, a la larga, el decidido seguimiento de un objetivo único dejará con frecuencia de cumplir su propósito, pues las demandas impuestas son tan desmesuradas que por fuerza acarrean conflictos con el medio. Con mayor frecuencia, la seguridad frente a una intensa angustia subyacente no se busca por un solo camino, sino por varios, que además pueden ser incompatibles entre sí. Y, así, el fibromiálgico puede sentirse a la vez imperiosamente compelido a dominar a todo el mundo y a pretender ser amado por todos, o a someterse a los otros y a imponerles su voluntad, o a desligarse de la gente pero conservando su afecto. Son estos conflictos, en verdad insolubles, los que casi siempre constituyen el núcleo dinámico de la fibromialgia y los que tenemos que intentar resolver con nuestros pacientes si queremos que sean capaces de sobreponerse a su enfermedad.

La exagerada necesidad de atención y afecto

El anhelo exagerado de recibir afecto y cariño es tan común en los fibromiálgicos y tan fácil de advertir para cualquier terapeuta avezado, que puede considerarse uno de los más reveladores signos de la angustia reinante en la mente de estos pacientes y de su intensidad. No es de extrañar, si tenemos presente que al sentirse totalmente inerme frente a un mundo siempre amenazador y hostil, el fibromiálgico tratará de obtener cariño y amor como el recurso más lógico y directo para ser objeto de benevolencia, ayuda o aprecio, en cualquiera de sus formas.

Si las condiciones psíquicas del paciente con fibromialgia fuesen en realidad las que él cree, nada le resultaría más sencillo que conquistar el afecto de los demás: se trata sólo de un pobre enfermo desvalido que desea que la gente sea amable con él, que comprenda su enfermedad y que le vea como un ser inofensivo y solitario, ansioso de agradar y de no herir la susceptibilidad ajena. Esto es cuanto él percibe o siente respecto de sí mismo. No se percata, en cambio, de hasta qué punto su hipersensibilidad y hostilidad latente y sus rigurosas exigencias entorpecen sus propias relaciones sociales; tampoco es capaz de advertir el efecto que produce en los otros o las reacciones de éstos frente a él. Como resultado, le es imposible comprender por qué sus amistades, su matrimonio, sus relaciones amorosas o profesionales fracasan tan a menudo. Tiende a concluir, por el contrario, que la culpa es de los demás, que todos son desconsiderados, desleales, aprovechados, o que él carece de atractivo y de don de gentes. Así persigue sin cesar el fantasma del amor y la amistad.

Ya se ha señalado cómo la angustia es engendrada por la hostilidad reprimida y de qué modo ésta, a su vez, suscita hostilidad, de modo que la angustia y la hostilidad están entrelazadas de forma indisoluble, lo cual demuestra que el fibromiálgico se engaña a sí mismo al verse como una pobre víctima de la crueldad y la indiferencia de los demás, y cuáles son las razones verdaderas de su fracaso personal y social. Sin saberlo, el fibromiálgico se halla preso en el dilema de ser incapaz de amar y, a la vez, de necesitar de forma imperiosa el amor de los demás.

Ahora bien, este tipo de paciente difícilmente va a aceptar su propia incapacidad para amar. La mayoría confunde su necesidad del prójimo con una presunta disposición al amor, ya sea por determinada persona o por la humanidad en general. Una razón forzosa los lleva a sustentar y defender tal ilusión, pues abandonarla implicaría revelar el dilema de sentirse a la vez básicamente hostiles respecto a los demás y, sin embargo, muy necesitados de su afecto. No es posible despreciar a una persona, desconfiar de ella, querer destruir su independencia y su personalidad, y a la par ansiar su afecto, su ayuda y su apoyo. A fin de conseguir ambos objetivos, en rigor inconciliables, es preciso mantener la disposición hostil estrictamente apartada de la conciencia.

Si alguien requiere el afecto de otro para protegerse frente a su angustia, casi nunca lo percibirá de forma consciente, pues ignora que se halla dominado por la ansiedad y que, en consecuencia, busca de manera desesperada cualquier modo de cariño a fin de recobrar la seguridad perdida.

Por otro lado, al tratar de satisfacer su hambre de afecto, el fibromiálgico aún tropieza con otra dificultad fundamental, pues si bien a veces obtiene al menos transitoriamente, el cariño buscado, en realidad es incapaz de aceptarlo. Cabría esperar que acogiese todo afecto con las mismas ansias con que el sediento bebe un vaso de agua, y en verdad sucede así, pero sólo momentáneamente. Los médicos conocemos bien la influencia que pueden ejercer la amabilidad y la consideración en estos pacientes. Todos los trastornos de esta enfermedad son susceptibles de desaparecer de pronto durante un breve tiempo, aunque sólo se haya ofrecido al fibromiálgico una atención clínica adecuada y un detenido examen médico. Y es que cualquier muestra de afecto o atención puede proporcionar a estos pacientes una tranquilidad superficial o incluso una sensación de felicidad, pero en lo más profundo esas manifestaciones chocan con su desconfianza y acaban por desencadenar su resistencia y su ansiedad.

Si la angustia es realmente profunda, todo afecto brindado provocará recelo, y al momento se supondrá que obedece a intereses ocultos; en la consulta, por ejemplo, estos pacientes sospechan que el médico sólo quiere sacarles el dinero y que únicamente les dedica palabras de aprecio o de estímulo para engañarlos. No sólo es factible que el cariño dedicado a tales personas pueda suscitar su recelo, sino también ansiedad.

Por último, las muestras de afecto son capaces de despertar el temor a la dependencia. La dependencia afectiva constituye un peligro auténtico para quien no puede vivir privado del amor del prójimo, y toda circunstancia que de lejos se le asemeje es susceptible de promover una desesperada lucha en contra. Tales personas deben eludir a toda costa las reacciones emocionales positivas de cualquier índole, pues éstas de inmediato acarrearían el peligro del sometimiento. A fin de evitarlo necesitan cerrarse a la comprensión de que los demás pueden ser amables o solícitos con ellas, y procurar descartar cualquier manifestación de afecto, persuadiéndose de que los demás son brutales, egoístas, indiferentes e incluso malévolos.

En suma, quien esté dominado por su angustia básica, y en consecuencia requiera el cariño ajeno como medio protector, tiene escasas probabilidades de obtener este afecto, pues la misma situación que configura esa necesidad también impide su satisfacción, con lo cual nos encontramos con que el fibromiálgico es un permanente insatisfecho emocional. Esto no implica que las personas con fibromialgia no puedan vivir en pareja, algunas llevan casadas muchos años, pero estas relaciones afectivas siempre estarán marcadas por las precondiciones ya mencionadas: angustia, sentimiento de ser indigno del amor, incapacidad de confiar en afecto alguno y hostilidad contra todo el mundo.

La insaciable necesidad de afecto suele expresarse en la demanda de un amor incondicional, es decir, el deseo de ser amado sin reciprocidad alguna, algo inevitable por otro lado, ya que el fibromiálgico está tan centrado en sí mismo y en su enfermedad que es incapaz de ofrecer cariño o amor. Solamente si la otra persona renuncia a todo, la persona con fibromialgia es capaz de sentirse segura de que se la ama. Esta demanda incluye la esperanza de que el otro comparta su suerte, inclusive hasta extremos desastrosos, dado el carácter de su enfermedad. Este requerimiento de amor incondicional, con todo lo que entraña de falta de consideración por el prójimo, revela, más claramente que toda otra cosa, la hostilidad oculta en las exigencias de afecto por parte del fibromiálgico.

En contraste con el tipo normal de vampirismo afectivo, que puede abrigar la consciente determinación de explotar a los demás hasta las últimas consecuencias, la persona con fibromialgia no suele tener la menor conciencia de lo exigente y lo injusta que es. Necesita ignorar sus demandas por poderosos motivos tácticos, pues a nadie le sería posible declarar francamente: «Quiero que te sacrifiques por mí sin recibir la menor compensación». Por ello se ve forzado a basar sus demandas en alguna razón justificable, como la de estar muy enfermo y merecer, por consiguiente, todos los sacrificios posibles. La fibromialgia es la coartada perfecta para seguir mostrando esa desconsideración hacia todos los miembros de su familia, pues no sólo la pareja, también los hijos se ven sometidos a esta tiranía emocional.

El modo principal de conseguir el afecto de los que le rodean es apelando a la piedad. El fibromiálgico exhibe sus sufrimientos y su desvalimiento ante los demás, ajustándose al lema: «Debéis amarme, pues sufro y estoy enfermo e indefenso». Su enfermedad y su sufrimiento le sirven para justificar su derecho de exigirlo todo de los demás.

Conclusiones

Como ya ha quedado expuesto, la fibromialgia es un síndrome crónico caracterizado por un extendido malestar muscular y por problemas articulares, así como por fuertes dolores en otros puntos más localizados como el cuello, la columna vertebral y los hombros.

Se manifiesta en personas predispuestas psicológicamente tras una enfermedad, un trauma psíquico o un proceso de estrés agudo. El agotamiento hace que muchas veces no tengan fuerzas ni para salir de casa.

Manifiestan fatiga, rigidez matutina, trastornos en el sueño, sensación de pesadez y hormigueo en extremidades, tendones, ligamentos y músculos, adormecimiento, etc.

Afecta al 10 % de la población española, sobre todo a mujeres, y sus causas no están todavía determinadas, aunque en esta obra se han dado numerosos pistas de cuál podría ser su origen.

Los pacientes se encuentran peor en invierno y sienten mejoría en verano.

Los facultativos habitualmente recomiendan la combinación de medicación, ejercicio, descanso y ayuda psicológica.

Se han propuesto diferentes causas posibles, que incluyen problemas psicológicos primarios de naturaleza somática, perturbaciones en el sueño, cambios en el metabolismo y la morfología muscular, alteraciones en la reacción inmunológica y desequilibrios en los niveles de neurotransmisores como la sustancia P, las endorfinas y la serotonina.

Se ha postulado como una posible causa del síndrome de fibromialgia la existencia de un nivel de triptófano circulante insuficiente, que a su vez no proporciona la serotonina necesaria para el mantenimiento del sueño. En algunos estudios se ha observado que la concentración de triptófano libre en plasma en pacientes con fibromialgia era inversamente proporcional a la severidad de los síntomas. La ingesta de triptófano por vía oral siempre resulta efectiva en el alivio de los síntomas musculoesqueléticos de los pacientes.

Otra de las posibles hipótesis acerca de las causas desencadenantes del síndrome fibromiálgico es que el dolor experimentado en el tejido muscular liso de estos pacientes puede deberse a que se vea comprometido el metabolismo energético muscular.

La síntesis de proteínas, grasas y carbohidratos necesarios para la integridad celular y para garantizar una actividad física normal dependen de la disponibilidad de ATP, de la energía necesaria para todas las reacciones vitales. Los resultados bioquímicos e histológicos demuestran una deficiencia en los niveles de oxígeno y de otras sustancias necesarias para la síntesis de la energía que el organismo necesita para su mantenimiento en condiciones normales. En los afectados de fibromialgia los puntos dolorosos musculares son deficientes en fosfatos de alta energía (ATP) y deficientes en magnesio.

Sustancias como la coenzima Q-10, el ácido pangámico, el magnesio, el ácido málico o determinados aminoácidos intervienen en la producción de energía en el organismo, lo que de manera indirecta pone en evidencia que una deficiencia en determinados nutrientes podría inducir la aparición de un síndrome de fibromialgia en personas predispuestas psicológicamente.

La fibromialgia es un cuadro patológico muy complejo, donde se imbrican factores psicológicos, fisiológicos y ambientales. La terapia debe contemplar todos los frentes, pues si el fibromiálgico no realiza un cambio profundo en sus comportamientos íntimos y planteamientos vitales, de nada le servirá tomar el mejor tratamiento. Lo primero es que el enfermo reconozca sus conflictos mentales, su obsesión con la enfermedad, para que a medida que el tratamiento vaya surtiendo efecto pueda ir aceptando la mejoría, pues en caso contrario el enfermo, aunque empiece a mejorar de su enfermedad con el tratamiento que le prescribamos, acaba por abandonarlo.

Los pacientes con fibromialgia usan con frecuencia tratamientos alternativos debido a la insatisfacción o sensación de inefectividad de la medicina oficial. El Instituto Americano de Reumatología reconoce que se deben valorar y estudiar las terapias complementarias o alternativas que tratan las enfermedades reumáticas como la fibromialgia. A lo largo de esta obra he expuesto todas las terapias que han surgido en los últimos años en el seno de la medicina complementaria, pero no basta con ir a buscar estos remedios, una actitud positiva es fundamental. Unos de los elementos clave de la fibromialgia es saber que en la raíz de la enfermedad subyace una excesiva angustia y preocupación por los pequeños problemas y por la propia salud.

De todas las medidas que se han empleado en el tratamiento de la fibromialgia, el ejercicio físico moderado y una adecuada fortaleza muscular parecen ser las más eficaces, según se desprende de recientes estudios y revisiones sobre el tema. Pasear o nadar en una piscina climatizada son actividades que pueden servir para iniciar el entrenamiento físico.

La obesidad es un factor de sobrecarga musculoesquelética, y se recomienda la pérdida de peso en las personas obesas con fibromialgia. La dieta vegetariana propuesta es un buen medio para perder esos kilos que sobran de forma pausada, sana y natural.

Espero que esta obra abra los ojos de muchos terapeutas y de los propios afectados, y sirva para enfocar correctamente la terapia de esta enfermedad.

Como ya he dicho, no es recomendable la automedicación. La mejor alternativa es acudir a un médico competente que nos ayude a seleccionar algunos de los remedios expuestos en este libro, pues a cada caso clínico le conviene una determinada pauta terapéutica. Sólo el experto en fibromialgia puede determinar qué suplementos dietéticos, en qué cantidad y durante cuánto tiempo ha de tomar cada enfermo. Lo que sí puedo asegurarles es que la mayoría de mis pacientes han conseguido mejorar de forma espectacular y me han dejado claro que definitivamente sí se puede vencer esta enfermedad.

Bibliografía

Araham, G .E. et al., «Management of fibromyalgia», *Journal of Nutritional Medicine,* 2002, 3, 49-59.

Birkmayer, J. G. D., *Energy for Life: NADH, the Energizing Coenzyme,* 6-11, Nueva York, Menuco Corporation., 1999.

Carlisle E. M., *Silicon as an essential trace element in animal nutrition,* Ciba-Found-Symp, 1996

Cebrián, J., *Guía integral de la herboristería y dietética,* RBA libros, Barcelona, 2003.

Christen H. R., *Einführung index Chemie,* Berlín, 2002.

Crofford, L. J. et al., «Fibromyalgia: where are we a decade after the American college of rheumatology classification criteria were depeloped?», *Arthritis & Rheumatism,* vol 46, n.°5, 2002, pp. 1136-1138.

Daeschel M. A., McGuire J.,Al Makhlafi H., *Journal of Food Protection,* Nueva York, 2003.

Davies N. T., An appraisal of newer trace elements, *Philos.Trans R Soc. B. Biol. Sci.,* 2001, 14 de agosto, vol. 294 (1071).

Dornacher, T., *Mantenerse sano con el silicio,* Friburgo, 2004.

Firshein, R., *La revolución de los farmanutrientes,* Edaf, Madrid, 2002.

Goldberg, D., *The Best Supplements for your Health,* Kensington Publishing Corp., USA, 2003.

Harkness, R., *Drug-Herb-Vitamin Interactions Bible,* Prima Publishing, 2004.

Kelsay J. I., Behall K. M, Prather E. S., *Effect of fiber from fruits and vegetables on metabolic responses of human subjects,* Am J Clin Nutr 2001, sep, vol.32.

Lazarides, L., *The Amino Acid Report,* Waterfall, Reino Unido, 2004.

Leibold G., *Kieselsäure, Urquell des Lebens,* 2004.

Mancinella A., *Trace elements essential for living organisms,* Cin Ter, 2001.

Pfeiffer, C., *Nutrition and Mental Illness,* Healing Arts Press, 2003.

Roberts, A., *Nutricéuticos. Enciclopedia de la medicina ortomolecular,* Ediciones Robinbook, Barcelona, 2003.

Russell, I. J. et al., «Treatment of fibromyalgia syndrome», *The Journal of Rheumatology,* 2005, 22, 5 (953-958).

Schwarz, K., *Recent dietary trace element research,* Fedproc, 2004, 33/6.